지리지로 본
조선시대 특산물

지리지로 본 조선시대 특산물

초판 1쇄 인쇄일	2025년 11월 19일
초판 1쇄 발행일	2025년 11월 26일
기 획	한국국학진흥원
지은이	소순규
펴낸이	한선희
펴낸곳	국학자료원 새미(주)
	등록일 2005 03 15 제251002005000008호
	경기도 고양시 덕양구 권율대로 656 원흥동 클래시아 더 퍼스트 1519, 1520호
	Tel 02)442-4623 Fax 02)6499-3082
	www.kookhak.co.kr
	kookhak2010@hanmail.net
ISBN	979-11-6797-272-9 *94910
	979-11-6797-264-4 *94910 (세트)
가격	15,000원

ⓒ 한국국학진흥원 인문융합본부, 문화체육관광부

* 이 책의 한국어판 저작권은 한국국학진흥원과 문화체육관광부에 있습니다. 신저작권법에 의해 보호받는 저작물이므로 무단 전재와 복제를 금합니다.

* 저자와의 협의하에 인지는 생략합니다.
  국학자료원·새미·북치는마을·LIE는 국학자료원 새미(주)의 브랜드입니다.

한국국학진흥원 전통생활사총서 48

소순규 지음
한국국학진흥원 기획

지리지로 본
조선시대 특산물

국학자료원

◈ 책머리에

한국국학진흥원은 2022년부터 문화체육관광부의 지원 아래 전통생활사총서 사업을 기획하였다. 이 사업은 전통시대 생활문화를 대중에게 널리 알리고자 해마다 20명의 생활사 전문 연구진을 섭외하여 추진해 왔다. 지난해까지 40종의 총서를 대중에게 선보였고, 올해도 다채로운 주제를 담은 20권을 발간하였다.

한국국학진흥원은 국내에서 가장 많은 67만여 점에 이르는 민간 기록물을 소장하고 있는 기관이다. 대표적인 민간 기록물이라 할 수 있는 일기와 고문서는 당시 사람들의 일상을 세밀하게 이해할 수 있는 생활사의 핵심 자료이다.

그동안 한국의 역사는 '조선왕조실록'이나 '승정원일기'와 같이 세계적으로 자랑할 만한 국가 기록물의 존재로 인해 중앙을 중심으로 이해되어 온 경향이 있다. 반면 민간의 일상생활에 대한 이해와 연구는 상대적으로 덜 주목받은 것도 사실이다. 다행히 한국국학진흥원은 일찍부터 민간에 소장되어 소실 위기에 처한 자료들을 수집하고 보존 처리하며 관리해 왔다. 나아가 이들 자료를 번역하고 심층 연구하여 대중에 공개했다. 이러한 민간 기록물을 활용하고 일반 대중에게 기여할 수 있는 효과적인 방법으로, '전통시대 생활상'을 생생하게 재현한 대중서로 집필하기에 이르렀다. 이는 일반인이 쉽고 재미있게 읽을 수 있는 전통생활사총서를 간행한 이유이기도 하다.

총서 간행을 위해 일찍부터 생활사의 세부 주제를 발굴하는 전문가 자문회의를 개최하고, 전통 생활문화를 가장 잘 구현할 수 있는 핵심 키워드를 선정하였다. 인간의 생활을 규정하는 보편적 분류인 정치, 경제, 사회, 문화의 큰 틀 아래, 매년 각 분야에서 핵심적이고 흥미로운 키워드를 선정하여 집필 주제를 정했다. 이번 총서의 키워드는 정치는 '지방 수령의 생활', 경제는 '시장 경제와 화폐 유통', 사회는 '질병과 의료', 문화는 '여가생활'이다.

각 분야마다 5명의 전공자로 집필진을 구성하고, 독자들이 어디서나 가볍게 들고 다니며 쉽게 읽을 수 있도록 다양한 사례를 풍부하게 담아달라고 요청하였다. 풍부한 사례 제시와 더불어 전문 연구자의 깊이 있는 시각을 담아 대중성과 전문성을 동시에 담보할 수 있는 것이 본 총서의 매력이다.

전문적인 서술로 대중을 만족시키기는 결코 쉽지 않다. 원고 의뢰 이후 5월과 8월에는 각 분야의 전공자를 토론자로 초청하여 2차례의 포럼을 진행하였고, 11월에는 완성된 초고를 바탕으로 대규모 학술대회를 개최하였다. 포럼과 학술대회를 통해 원고의 방향과 내용이 더욱 견고해지도록 점검하는 시간을 가졌다. 원고 수합 이후에는 각 책마다 전문가 3인의 심사 의견을 받았다. 출판사를 선정하여 수차례의 교정과 교열 작업을 거치며 완성도를 극대화했다. 책이 세상의 빛을 보기까지 꼬박 2년이 걸렸다. 짧다면 짧은 기간이지만, 2년의 응축된 시간 동안 꾸준히 검토 과정을 거쳤고, 토론과 교정을 통해 원고의 완성도를 높이기 위해 분주히 노력했다.

전통생활사총서는 국내에서 간행하는 생활사총서로는 가장 방대한 규모이다. 국내에서 전통생활사를 연구하는 학자 대부분을 포함하였다. 2024년도 한 해의 관계자만 연인원 백 명이 넘는 명실공히 국내 최대 규모의 생활사 프로젝트이다.

1990년대 이후 폭발적으로 증가했던 일상생활사와 미시사 연구에 대한 학계의 관심이 근래 들어 다소 소홀해진 상황이다. 본 총서의 발간이 생활사 연구에 활력을 불어넣는 계기가 되기를 기대한다. 연구의 활성화는 연구자의 양적 증가로 이어지고, 연구의 질적 향상 또한 이끌 것이다. 이는 전통문화에 대한 대중들의 관심 역시 증폭시키는 선순환을 만들어 낼 것이라 고대한다.

본 총서는 한국국학진흥원의 연구 역량을 집적하고 이를 대중에게 소개하기 위해 기획된 대표적인 사업 중 하나이다. 참여 연구자의 대다수가 전통시대 전공자이며 앞으로 수년간 지속적인 간행을 준비하고 있다. 올해에도 20명의 새로운 집필자가 각 어젠다를 중심으로 집필에 들어갔고, 내년에 또 20권의 책이 간행될 예정이다. 앞으로 계획된 총서만 100권에 달하며, 여건이 허락하는 한 이 소중한 작업을 지속할 예정이다.

대규모 생활사총서 사업을 지원해 준 문화체육관광부에 감사하며, 본 기획이 가능하게 된 것은 한국국학진흥원에 자료를 기탁해 준 분들 덕분이다. 다시 한번 깊이 감사드린다. 아울러 총서 간행에 참여한 집필자, 토론자, 자문위원 등 연구자분들께도 진심으로 감사 인사를 전한다. 책의 편집을 책임진 국학자료원에도 고마움을 표한다. 이 모든 과정은 한국국학진흥원 여러 구성원들의 노력이 있었기에 가능했다.

2025년 11월
한국국학진흥원 인문융합본부

차례

책머리에	4
들어가는 말_ 임금님과 특산물	12
특산물과 임금님의 관계	16
또 하나의 현물세, 진상품	20
공물과 진상물은 모두 특산품이었을까?	22
대동법의 시행과 조선의 특산품	25
조선의 특산품은 어떻게 알 수 있을까?	27

1. 부유한 밥상의 대명사, 영광굴비 29

조선 초부터 유명한 영광의 조기잡이	32
'굴비'란 이름에 얽힌 설화	35
사랑받는 술안주이자 반찬, 그리고 의약품	37
영광굴비의 또 다른 이름, 법성포굴비	40
영광과 쌍벽을 이루는 조기 산지, 연평도	41

2. 조선 전기에는 없던 생선, 명태   43

    가장 서민적인 생선, 명태   46
    조선 전기에는 명태가 없다고?   49
    조선 후기 출현하였다가 오늘날 자취를 감춘 명태   52
    명태의 또 다른 이름, 북어北魚   55

3. 광주 도자기는 언제부터 유명했을까?   59

    고려청자가 유명했던 동네는 어디?   62
    조선 초기 도자기의 생산과 공납   65
    15세기 후반 사옹원 분원의 설립   68
    근대화 시기의 분원마을   70

4. 대표적인 '양반동네', 안동의 특산물   73

    눈을 닮은 풀솜, 설면자雪綿子   77
    신라대부터 내려온 유구한 전통, 안동포安東布   79
    안동의 주요 진상품 중 하나, 은어   83
    '추로지향'에 걸맞은 특산품, 자석벼루   86

5. 외교와 특산품
— 전라도의 종이와 경상도의 돗자리   89

대중국외교의 필수품, 종이   93
국립 한지 제작소, 조지서의 설립   97
종이 못지않은 중요 진헌품, 자리席   99

6. 조선의 과일 특산물   103

가장 대중적인 과일, 배   107
배와 쌍벽을 이루는 대중적 과일, 감   111
밤과 대추   115

7. 특산물의 보고, 제주도   119

귤, 조선 최고의 사치스런 과일   124
지금은 귀해진 제주도의 바다거북, 대모   129
제주의 대표 생선, 옥돔   131

8. 평안도와 함경도의 담비 가죽   133

실록에 등장하는 담비 가죽의 다양한 이름   137
조선의 담비 가죽 산지   139
여진인들과의 주요 교역품   141

9. 하늘의 천명을 나타내는 특산물　　145

해주의 검은 기장과 남양의 경석　　148
도량형과 음악의 관계　　150
하늘이 허락한 세종의 시도　　156

10. 권력의 의지로 만든 특산물, 함경도의 대나무　　159

15세기 조선과 여진의 갈등　　162
가장 중요한 군수물자, 대나무　　166

나오는 말　　169

주석　　172

◈ 들어가는 말_ 임금님과 특산물

2020년 초, 코로나가 본격화되었던 시기부터 필자는 보통 6시 무렵 부모님과 함께 저녁 식사를 했다. 전 세계적인 혼란 상황이고, 경기는 불황이었으며, 2인 이상의 모임 및 외출도 용이하지 않았던 시기였다. 다행히 필자는 당시 '장학생'의 신분이라 출근이 자유로웠으나, 그래도 미취업 박사가 집에서 빈둥대는(물론 필자는 열심히 연구를 했지만) 상황에서 부모님이 즐거우셨으리 만무했다.

그래서 보통 저녁 식사는 티브이 시청과 함께했다. 저녁 식사 시간에 방영되는 프로그램은 '6시 내고향', '생생정보통' 과 같은 프로그램이었다. 약간의 호들갑스런 진행과 함께 지역의 맛집 소개, 귀농 또는 귀촌한 사람들의 이야기, 시골 장터의 풍경 등이 프로그램의 단골 소재들이었다. 1년 정도 프로그램을 시청한 결과 필자는 안방에 앉아서 전국을 돌아다니는 기분을 느낄 수 있었다. 또한 연세가 지긋하신 분들이 왜 이 프로그램을 그토록 열심히 시청하는 이유도 어렴풋이 느낄 수 있었다.

이 프로그램들에서 빼놓을 수 없는 내용 중 하나가 바로 각 지역의 특산물 이야기였다. 리포터가 한창 일에 바쁜 할머니, 할아버지를 붙잡아 인터뷰라도 하면, 그분들은 자신이 얼마나 일찍부터 이 일을 해왔는지, 당신들이 생산한 물건이 얼마나 좋은지 등등을 이야기하기 마련이었다. 또 젊은 층에서도 가업을 잇기 위해 귀농, 귀촌하거나 특별한 생산 기술을 배우기 위해 지역에 정착했다는 분들도 많이 출연하였다. 출연한 분들 모두 자신이 만들고 키우는 것들에 대한 애정과 자부심이 대단했다.

  필자가 특히 재미있었던 것은 각 지역의 특산품이라 할 만한 물건을 소개할 때 단골도 등장하는 멘트였다. 조선시대부터 '임금님 밥상에 오르던', '임금님이 입던', '임금님이 쓰시던' 물건이란 소개였다. 그런 이야기를 듣고 있노라면, 한국 최초의 품질 인증 마크는 KS나 Q마크, HACCP 등이 아니라 임금님이었던 셈이다. '저 많은 물건들을 먹고, 입고, 마시고, 쓰는 것도 일이겠다'라는 객쩍은 생각을 하고 있을 때쯤이면 부모님의 눈이 필자에게로 옮겨왔다. 그 나이 먹도록 역사 공부를 했으면 저 멘트의 진위를 가려달라는 의미였으리라. 필자 역시 처음 듣는 생경한 물품도 많은지라, 대부분 진위를 알 수 없어 이리저리 둘러대며 변명했던 기억이 난다.

방송뿐만이 아니라 임금님의 권위를 빌어서 특산물을 광고 홍보하는 것은 일상에서 흔히 볼 수 있다. 마트에서 가장 비싸게 팔리는 쌀은 임금님표 쌀이다. 재미있게도 이 임금님표 쌀은 조선시대와는 아무 관련이 없고, 세종대왕의 릉이 여주 지역에 위치한 관계로 붙은 이름이었다. 또 지금은 없어졌지만 몇 년 전 필자가 지하철에서 마주한 인삼 광고에는 풍기군수 주세붕이 등장하는데, 광고에는 마치 주세붕이 인삼을 키우기 위해 풍기로 부임한 듯한 인상을 풍기고 있었다(!). 필자가 이 책을 준비하는 과정에서 찾아보니, 각 지역의 특산물을 파는 인터넷 쇼핑물 중에는 '임금님 진상품'이란 이름을 가진 곳도 존재하고 있었다.

대체 왜 우리나라는 유독 지역의 특산물 광고에 임금님이 자주 등장할까? 정말 조선시대 임금님은 저 많은 음식과 물건을 먹고 입고 썼던 걸까? 요사이 광고하는 물건들은 진짜 임금님에게 진상했던 물건들일까? 일반인이라면 궁금할 법한 이야기들이다. 또, 우리가 알고 있는 조선시대 특산물과 관련된 내용은 사실일까? 즉, 조선시대에도 저 물건들은 전국적으로 명성 있는 물건들이었을까? 지금은 잊혀졌지만, 조선시대에 진짜 유명했던 물건들은 어떠한 것들이었을까? 이런 내용들도 시민들에게는 자못 재미있는 내용들이 될 수 있으리라.

본서는 이런 가벼운 궁금증에서 출발했다. 상이한 기후와 환경 아래서 지역의 산물은 불균형할 수밖에 없고, 사람들은 그런 산물들을 서로 교환하여 삶을 이어왔다. 따라서 특산물은 사람이 삶을 시작한 때부터 존재했다. 남겨진 문헌으로 더듬어 알 수 있는 시기는 극히 한정적이지만, 그래도 조선시대라면 몇 가지 문헌들을 통해 특산물의 이야기를 엮을 수 있지 않을까. 그리고 그 이야기 속에 심오한 통찰은 아니지만, 역사란 시간 축과 지역이란 공간 축의 지속과 변화란 내용들의 공상을 펴 볼 수 있지 않을까. 이것이 가벼운 궁금증으로 책을 시작하는 필자의 소박한 바람이다.

특산물과 임금님의 관계

　이야기를 시작하기 전에 앞서 언급한 임금님의 존재부터 해결해야겠다. 어쩌다 우리나라 임금님들은 지역 특산물의 품질 보증 수표가 되었을까? 여기에는 조선시대의 독특한 세금 제도가 자리하고 있다.

　중고등학교 한국사(필자와 연배가 같거나 선배들의 경우 국사) 과목에서 배웠던 것처럼 조선시대 세금은 몇 가지 종목으로 나누어져 있었다. 가장 대표적으로 농경지에서 수확한 작물을 내던 전세田稅란 세금이 있었다. 보통 논의 경우는 쌀로, 밭의 경우는 콩을 비롯한 잡곡으로 납부하였는데, 납부량은 경작지의 면적 및 당해 수확량과 비례하였다. 비단 조선뿐 아니라 동아시아의 대부분 국가들은 이 세금이 국가 재정의 가장 중심축을 차지하였다. 『조선왕조실록』에서도 이 전세를 정세正稅라고 지칭하였는데, 국가의 가장 근간이 되는 세금이란 뜻이었다.

　한편으로 노동력을 직접 징발하거나, 노동력을 직접 징발하는 대신 다른 현물을 내도록 한 세금이 있었는데, 이를 통칭하여 역役이라고 불렀다. 이 역이란 말은 아직도 쓰이고 있는데, 바로 군 입대 대상자를 부를 때 쓰는 현역現役, 군을 제대한 사람을 부를 때 쓰는 예비역豫備役 등의 단어이다. 보통 국가에서는 성인 남성을 대상으로 이 역을 부과하였는데, 특수하게는 여성들이 역의 대상이 되기도 하였다.

이 역을 부과하고 징발하는 방식은 다양하였다. 역을 부과하는 대상은 토지가 되기도 하고, 가호家戶, 즉 집집마다 부과하기도 하고, 때로는 성인 남성만을 대상으로 하기도 하였다. 토지에 부과되는 역은 전역田役 또는 소경지역所耕之役이라고 불렀고, 가호에 부과되는 것은 호역戶役, 개인을 대상으로 한 것은 신역身役이라고 불렀다. 당연히 일반 시민들은 이 복잡한 이름을 다 외울 필요는 없지만, 이 역役이란 세금이 매우 복잡하게 편성되어 있다는 것은 기억해 둘 만하다.

게다가 이 역을 부과하는 주체는 중앙정부이기도 하고, 군현 단위이기도 했다. 요즘도 세금을 낼 때 국세와 지방세를 따로 내듯이 조선시대에도 마찬가지였던 것이다. 그래서 조선왕조의 기본 세금은 아까 말한 전세, 즉 토지에서 난 수확물로 내는 세금이었지만 실제로 조선왕조를 움직이고 지탱하는 상당량의 세금은 바로 이 역을 통해서 충당되었다.

이 다양하고 복잡한 역 중에서 상당한 비중을 차지하는 것이 바로 공물貢物이었다. 공물이란 국가가 재정 운영에 필요한 물품을 직접적으로 현지에 부과하는 방식이었다. 다만 국가가 각 집마다 부과한 것은 아니고, 군현 단위로 물품의 종류와 수량을 정해서 내려보내면, 각 고을에서는 수령의 책임하에 이 물품들을 마련하여 중앙 정부에 직접 납부하였다. 게다가 한 군현에 배정되는 물품은 한 종류가 아니라 적게는 10여 종, 많게는 30여 종에 달하였다. 제주도 같은 지역에는 각종 해산물과 귤 등을 합쳐서 50여 종 이상의 공물이 배정되기도 하였다.

조선시대의 경우, 전국 8도에 걸쳐 약 350여 개 내외의 군현이 존재하였다. 이 군현들이 적게는 10여 종, 많게는 30여 종의 현물을 직접 공물로 바쳤다. 이들 고을에서 바치는 공물을 모두 정리하면 대략 300여 개의 품목에 달하였다. 이러한 공물 수취는 비슷한 시기의 중국이나 일본에서도 찾아볼 수 없는 독특한 세금이었다.

이 공물이 조선의 나라 살림에서 가장 중요한 역할을 담당하였다. 조선에서 가장 기본이 되는 세금은 토지의 수확물로 거두는 전세였는데, 이 전세의 경우는 관리들의 녹봉에 상당수가 지출되고, 나머지는 국가의 비축곡으로 쌓였다. 그런데 나라의 운영에는 관리들의 녹보 외에도 상당한 물품이 필요하였는데, 바로 이 물품들은 공물로 충당되었다. 거칠게 말하면, 조선 정부의 경상비는 관리들의 녹봉 외에는 모두 공물로 마련되었던 것이다.

바로 이러한 공물의 존재로 인해서 중앙정부와 각 고을에서 생산되는 물품이 직접 연결되었던 것이다. 중앙의 입장에서 볼 때 고을은 인구수와 경작지에 따라 세금을 거두는 동시에 특정 물품을 공물로 바치는 지역이었다. 이러한 세금이 유지되는 한 각 군현은 특정한 물품으로 대표되는 지역의 정체성을 가지게 되었던 것이다.

또 하나의 현물세, 진상품

그런데 조선에서는 이 공물 외에도 현물로 납부하는 세금이 하나 더 있었다. 바로 진상물進上物이란 것이다. 공물이 국가의 관서에 바치는 세금이었다면 진상물은 임금에게 직접 바치는 세금이었다. 진상물의 기원은 고대 중국에서 덕이 뛰어난 임금을 백성들이 사모하여, 자신이 키우고 채집한 물산을 자발적으로 임금께 바쳤다는 믿기 어려운 설화적 기원에서 출발하였다. 그러나 시간이 지나면서 진상은 세금과 같은 것으로 굳어졌고, 백성들에게 상당한 부담이 되었다.

공물이 중앙의 각 관서로 들어가 국가의 재정 활동의 재원이 되었다면, 진상물은 직접적으로 임금 및 왕실 구성원들의 일상용품에 충당되었다. 그러나 진상물 중에서도 무기 등과 같이 임금이 직접 사용했다고 보기 어려운 물품들도 다수 포함되어 있었다. 아울러 진상물은 제수 용도로도 사용되기도 하였다. 그리하여 진상물은 공물 못지않게 많은 품목과 수량을 바치게 되었다.

공물과 진상물은 납부 책임자도 다소 차이가 있었다. 공물이 각 고을마다 배정되어 바치는 세금이고 납부 책임자가 각 군현의 수령이었다면, 진상은 각 도의 관찰사나 병마절도사, 수군절제사와 같이 도 단위 행정책임자 및 군사지휘관이 바치는 세금이었다. 그러나 납부 책임이 군현에 있든 도에 있든 궁극적으로 물품의 생산, 수송, 납입의 부담은 백성들이 지고 있다는 점은 매한가지였다.

앞서 공물과 마찬가지로, 진상이란 세금 제도 역시 지역의 정체성과 물품이 강하게 연동되게 하였다. 앞서 조선시대부터 유명한 지역의 특산물을 설명할 때 자꾸만 임금님이 등장하는 것도 바로 이 공물과 진상물의 존재 때문이었다. 해당 지역에서 공물 또는 진상물로 수취 되는 물품이면, 해당 지역의 '특산품'이란 인식이 강하게 자리잡았던 것이다.

참고삼아 이야기하자면, 중국이나 일본의 경우도 공물이란 세금이 존재하고 있었고 황제나 장군에게 특정한 지역에서 바치는 우리의 진상과 비슷한 것들이 존재하고 있었다. 그런데 중국이나 일본의 경우 공물은 지역마다 한두 종류에 불과하였고, 대부분 수송이 용이한 옷감 종류가 주류를 차지하였다. 조선과 같이 한 고을, 한 도에서 수십 여종의 현물, 옷감을 비롯하여 야생동물, 어류, 과일, 수공업품, 광산품 등이 망라된 제도는 존재하지 않았다. 공물과 진상물이란 세금 제도는 조선의 매우 독특한 세금이었던 셈이다.

공물과 진상물은 모두 특산품이었을까?

그렇다면 각 고을마다 배정된 공물, 진상물은 모두 특산품이라 할 만한 것들이었을까? 결론부터 이야기하자면 '전혀 그렇지 않았다'. 앞서 이야기했듯이 공물, 진상물은 한 고을에 많게는 수십 종이 배정되었다. 제주도와 같이 아주 특이한 자연환경을 가진 고을이 아닌 한, 하나의 고을에 특산품이 수십 종이 되는 것 자체가 쉽지 않은 상황이지 않을까?

공물 그리고 진상물은 애초부터 '특산품'이기에 배정된 것이 아니었다. 조선시대 세금 제도의 특징인 현물을 직접 국가가 고을로부터 수취하는 것은 시장에 의존하지 않고도 국가의 재정 운영을 원활히 하기 위한 것이었다. 오늘날 시장에 나가서 전국 각지의 물건을 손쉽게 구입할 수 있는 상황이 아니었기에, 국가는 필요한 물품을 지역에서 직접 납부하게 하여 안정적으로 물품을 확보하고 있었던 것이다. 따라서 공물이나 진상물의 일차적인 목표는 국가가 필요한 물품을 산지에서, 안정적으로 확보하는 것이었다. '품질'의 문제는 그다음이었다고 할 수 있다.

이러한 상황이었기에 공물이나 진상물을 각 고을, 각 도에 배정할 때에는 여러 가지가 고려되었다. 우선 국가가 필요로 하는 품목과 수량을 조사하고, 이것이 생산될 수 있는 지역을 고려하였다. 각 고을의 생산량, 각 고을의 인구나 경작지 면적 등의 경제지표, 각 고을에서 서울로 수송하는 루트와 난이도 등을 모두 고려하였다.

그 때문에 어떠한 경우에는 실제 생산이 되지 않는 고을에도 공물이 배정되기도 하였다. 그런데 이것은 오히려 백성들의 부담을 덜기 위한 조치였다. 예를 들어, 어느 고을에서 금이 난다고 치자. 그런데 이 고을에 국가가 필요한 금의 총량을 모두 부과할 경우 이 고을 백성들은 금 공물로 인해 엄청난 부담을 지게 될 것이다. 이 경우 국가에서는 해당 고을 인근에다가 금을 공물로 배정하는 것이다. 주변 고을 사람들은 해당 산지로 가서 금을 채취하여 서울에 공물로 바쳤다. 이처럼 해당 지역에서 생산되지 않는 공물을 불산공물不産貢物이라고 불렀다. 이 불산공물은 세금으로서 공물을 운영할 때 폐단으로 언급되기도 하였지만, 한편으로는 한 두 고을에 부담이 집중되는 것을 피하기 위해 국가에서 알면서도 일부러 운영하기도 한 제도였다.

이러한 상황이었기 때문에 특정 지역에서 나는 물품이 다른 지역에 비하여 품질이 특히 우수하다고 해도, 해당 물품에 대한 수취를 한 고을로 집중할 수 없었다. 그렇게 운영했다가는 해당 지역의 백성들이 상당한 부담을 가지게 되기 때문에 품질의 문제와는 별도로 물건의 생산 상황을 고려하여 각 지역에 분배하여 상납하도록 하였다.

물론 각 지역에서 생산되는 물품의 품질에 대한 평가 역시 조선시대에 이루어지고 있었다. 앞서 공물과 진상을 소개할 때, 각 고을, 각 도의 정체성에 물품이 강하게 연동된다는 설명을 한 바 있었다. 이것을 확인할 수 있는 좋은 소재가 바로 '지리지'이다. 조선시대에는 몇 차례 전국 지리지를 편찬한 바 있는데, 이 지리지에는 해당 고을에서 공물 및 진상물로 바치는 물품이나 지역에서 생산되는 물품들을 기록해 두었다. 해당 기록이 중요한 이유는 바로 공물과 진상물을 운영하기 위해 지역의 산물을 조사해 둘 필요성 때문이었다.

그런데 이런 지리지의 물품 수록에서 몇몇 경우, 해당 지역의 산물의 품질에 대한 기록이 남아있기도 하다. 예를 들어 전국에 산재한 도자기 생산지마다 품질의 등급을 상, 중, 하로 기록해 두기도 하고, 철 산지에서 생산되는 철의 품질을 기록해 두기도 하였다. 종이, 자리席, 어류 등에 대해서도 특히 품질이 뛰어난 경우에는 주석을 붙여 설명해 두기도 하였던 것이다.

대동법의 시행과 조선의 특산품

임진왜란 이전까지 시행되었던 공물, 진상물은 조선 후기 들어 한 차례 변화를 맞이하였다. 약 100여 년의 논의와 시험 끝에 전국에 걸쳐 대동법이 시행되었던 것이다. 익히 알고 있다시피 대동법은 그간 각종 현물로 내던 세금을 토지 면적당 얼마간의 쌀, 포목, 동전 등으로 납부하는 제도였다. 국가에서는 이렇게 거둔 쌀, 포목, 동전으로 국가 운영에 필요한 물품을 시장에서 직접 구매하였는데, 이 과정에서 구매를 대행하여 국가에 납입하는 공인貢人이란 특권 상인 계층이 성장하였다. 어떠한 의미에서 대동법은 민간에서 반 합법, 반 불법으로 이루어졌던 관행을 국가가 적극적으로 인정한 제도이기도 하였다.

대동법이 시행되면서 전국 각 지역의 산물을 중앙 정부로 직접 납부하는 공물, 진상물은 거의 사라지게 되었다. 물론 지역에 따라 몇몇 물품은 과거처럼 공물 또는 진상물로 내게끔 하였지만, 90% 이상의 물품은 대동법에 포함되어 수취 되었다. 따라서 과거처럼 중앙 정부에서 직접 지역의 산물을 조사하고, 공물 및 진상물을 부과하는 제도는 사라지게 되었다.

그러나 대동법의 시행이 지역의 산물 유통을 저해한 것은 전혀 아니었다. 오히려 대동법의 시행은 그간 조선의 상업 유통 활성화에 따른 결과였다. 즉, 국가에서 지역의 산물을 직접 수취하지 않고 시장에서 구매할 수 있는 여건이 성숙되었기에 대동법도 가능해졌던 것이다. 조선은 15세기 후반부터 장시가 발전하였고 상업유통망도 점차 확대되어갔다. 이러한 점을 고려해 보면 대동법의 시행은 지역 산물 유통을 저해하였다기보다는, 오히려 확대된 상품 유통의 결과물로 보아야 할 것이다.

어떤 의미에서 대동법의 시행 이후에는 오히려 지역의 산물 중 '특산품'이라고 할 수 있는 것들이 보다 선명하게 드러날 수 있는 여건이 마련되었다. 국가의 수요에 따라 품질에 상관없이 공물 또는 진상물로 배정되었던 과거와 달리, 이제 시장에서의 유통에 따라 품질의 차이가 가격에 반영되는 상황이 도래하였던 것이다.

조선의 특산품은 어떻게 알 수 있을까?

자 그렇다면 조선시대 유명한 특산품들은 오늘날 어떻게 파악할 수 있을까. 첫 번째로 지리지 자료를 들 수 있다. 지리지에는 각 지역마다 토산품과 공물, 진상물 등이 기록되어 있는데 단순히 기록된 것만으로는 지역의 '특산품'이라고 보긴 어렵다. 그러나 지리지 기록 중에서도 상당히 인상적인 기록들을 남기고 있는 것들은 당시에도 전국적인 명성을 가지는 산물이라고 할 수 있다. 본서에서도 가장 기본적으로 조선시대 특산품을 파악할 때 이 지리지의 토산 항목을 적극 활용하였다.

둘째로는 당시 문인들이 남긴 여러 기록들에서 지역의 특산품을 추출해 보는 것이다. 다만 이 기록 중에는 매우 단편적인 것들도 있고, 한 품목에 대해 여러 기록이 존재하는 경우도 있다. 후자의 경우가 조선시대에도 일정 기간 이상 명성을 얻었던 특산품이라 할 수 있을 것이다. 본서에서는 이러한 기록들을 중심으로 조선시대 특산품을 살펴보고자 한다.

1

부유한 밥상의 대명사, 영광굴비

전통적인 지역 특산물이 낯선 소위 'MZ세대'들도 '영광굴비'란 말은 들어본 기억이 있을 것이다. 먹을 것이 흔해진 오늘날에도 고급 식재료로 언급되는 굴비는 참조기를 오래 보존하기 위하여 건조한 것을 말한다. 필자도 아주 어렸을 적부터 영광굴비란 말을 자주 접해보았으나 실제로 오리지널 영광굴비를 먹어본 것은 20대가 넘어서였다. 다만 필자가 전라남도 영광을 직접 방문하여 '영광굴비'를 처음 먹어보았을 당시에는 이미 영광군에서 조기 어업이 한창 쇠퇴한 이후였던 것으로 기억한다.

과거 이 굴비가 어느 정도 귀한 식재료였는지 일화를 소개하자면, 어린 시절 텔레비전에서 자주 보던 개그 프로에서 단골로 나오던 소재가 바로 '자린고비' 이야기였다. 그런데 이 자린고비는 밥을 먹을 때마다 천장에 생선 한 마리를 걸어 놓고 밥을 한술 먹을 때마다 생선을 쳐다보는 것이었다. 맨밥에 목이 멜 때 생선을 쳐다보며 짭조름한 맛을 생각하다 보면 침이 절로 나온다는 것이었다. 그때 자린고비의 입에 침을 돌게 한 생선이 바로 굴비였다. 아마 민간에 구전되던 내용을 개그로 각색한 내용일 것으로 짐작되지만, 이 일화에서도 '부자인 자린고비도 쳐다만 보는' 생선이 바로 굴비였던 것이다.

조선 초부터 유명한 영광의 조기잡이

그렇다면 이러한 굴비 생산지로 언제부터 영광군이 유명해졌을까? 과연 조선시대에도 영광굴비란 말은 존재하였던 것일까? 이러한 궁금증을 찾아보기 위해 일단 참조해 볼만한 기록이 바로『세종실록지리지』이다.

지리지란 한 국가나 지역에서 해당 국가 및 지역의 지리적 정보를 수록하기 위해 만든 편찬물을 말한다. 그런데 지리적 정보란 것이 매우 광범위해서 한 고을의 경계, 산이나 강과 같은 자연 지형과 같은 자연지리적 정보부터, 고을의 연혁, 과거 살았던 그리고 현재 살고 있는 사람과 성씨, 행정시설, 군사시설 등 인문지리 정보, 그리고 지역의 토질에 적합한 경작물의 종류, 세금으로 납부하는 물품, 특산물 등 경제지리 정보까지 포함한다. 지리지마다 포함하는 지리 정보의 내용이 다른데, 현존 지리지 중 가장 오래되었다고 볼 수 있는『삼국사기』지리지에는 각 고을의 연혁 정도가 간단히 서술되어 있는 반면, 조선시대 지리지에는 상당한 지리 정보의 양이 수록되어 있다.

이러한 지리지 중 상당한 정보가 수록되어 있으면서도 오래된 지리지가 바로『세종실록지리지』이다. 앞선『삼국사기』지리지나『고

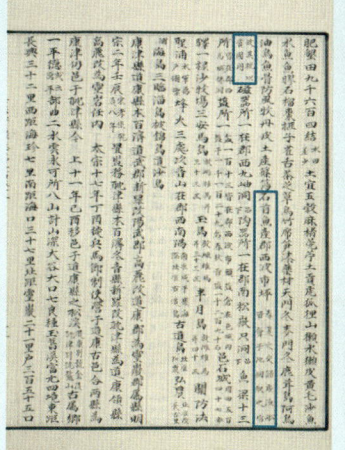

그림 1
『세종실록지리지』, 국사편찬위원회에서 전재

려사』 지리지가 지역의 명칭이나 간단한 연혁, 고을 간의 행정체계 정도가 서술되어 있다면 『세종실록지리지』에는 자연, 인문, 경제지리 정보가 풍부하게 서술되어 있다. 사실상 지역에 관한 구체적 정보를 알려주는 최초의 전국 지리지라고 할 수 있다.[1]

『세종실록지리지』는 세종이 승하한 이후인 1453년(단종 2) 편찬된 지리지이다. 다만 그 모본이 되는 책은 『팔도지리지』란 책으로 세종 14년에 편찬된 것으로 알려져 있다. 『세종실록지리지』의 전라도 영광군 항목에는 다음과 같은 내용이 나온다.

토산: 석수어石首魚. 군 서쪽 파시평에서 난다. 【봄·여름 사이에 여러 곳의 어선漁船이 모두 이곳에 모여 그물로 잡는데, 관청에서 그 세금을 받아서 국용國用에 이바지한다.】[2]

위의 기록에 나오는 석수어石首魚는 오늘날 우리가 조기라고 부르는 물고기를 지칭한다. 『송남잡지』란 기록에 의하면 머리뼈가 돌처럼 단단하다 하여 이러한 이름이 붙었다고 한다. 오늘날 구분으로는 참조기, 보구치, 수조기, 부세, 흑조기 등이 해당하는데 보통 몸길이가 20-40cm 정도이고 서해와 남해 연안에 서식하였다.

위의 『세종실록지리지』 기록에 의하면 영광군 서쪽에 파시평이란 곳에서 봄, 여름 사이에 어선들이 그물로 조기를 잡고, 관청에서는 세금을 거둔다고 하였다. 파시波市란 바다 위에서 열리는 시장을 말하는데, 파시평이란 지명이 등장하는 것으로 보아 해마다 조기 잡는 철에는 해상에서 어업과 거래가 동시에 이루어진 것으로 보이고, 아울러 관청에서도 이를 관리, 감독하고 세금까지 부과했던 것이다. 『세종실록지리지』가 조선 초기 기록인데 이미 이러한 내용이 전해지는 것을 보면, 영광 지역의 조기 어업은 조선 초기, 아니 그 이전부터 유명하였다.

'굴비'란 이름에 얽힌 설화

조기를 잡아다가 적정한 염장을 한 후 건조시킨 것이 바로 굴비이다. 이 굴비란 이름과 관련된 설화가 존재하는데, 고려 인종 때의 유명한 권신이었던 이자겸이 그 주인공이었다. 이 이자겸은 당대 최고의 권력가였는데, 자기 딸을 임금인 예종에게 시집을 보냈다. 그 딸의 몸에서 태어난 아들이 다음 왕인 고려 인종이었는데, 이자겸은 임금의 외조부에 만족하지 않고 셋째딸과 넷째딸을 외손자인 인종과 결혼시켰다. 즉 이자겸은 인종의 외할아버지이자 장인이었던 것이다.

한국사 시간에 공부하였듯이, 이자겸은 '이자겸의 난'을 일으킨 주역이었다. 난을 성공시킨 이자겸은 권력을 틀어쥐는 듯하였으나, 결국 난을 함께 주동하였던 척준경과 사이가 벌어지면서 결국 인종에게 진압되고 말았다. 이때 이자겸이 유배를 간 곳이 바로 전라도 영광이었다(당시에는 정주란 이름으로 불렸다). 이자겸은 영광에서 처음으로 염장하여 말린 조기를 먹어보고는 그 훌륭한 맛에 감탄하였다. 그리고는 이것을 국왕이자 외손주이며 사위인 인종에게 보냈는데, 이 선물이 자칫 자신이 국왕에게 아첨하는 것으로 보이는 것이 두려워 '굴비'란 이름을 붙여 보냈다는 것이다. 굴屈(굽히

그림 2
영광군청 문화관광 누리집의 특산물 소개 화면. www.yeonggwang.go.kr

다), 비非(아니다)란 글자를 조합하면 '비록 선물을 보내지만 내가 당신에게 굽힌 것은 아니다'란 뜻의 이름이었던 것이다. 선물은 맛이 있었을지 모르나, 결국 굽히지 않았던 이자겸은 유배지에서 생을 마감하고 말았다.

　그러나 이 설화는 지역에서 내려오는 구전 설화일 뿐이고, 문헌상에서는 이러한 내용을 찾아보기 어렵다. 아마도 굴비란 이름을 한자어로 차용하는 과정에서 글자의 뜻을 가지고 그럴듯하게 엮은 이야기가 아닐까 한다. 실제로 굴비를 한자어로 구비仇非라고 표현한 경우도 있는 걸 보면 이자겸의 이야기는 만들어진 내용에 가깝다. 비록 이야기의 신빙성은 낮을지 모르지만 이자겸이 영광에 유배되었던 역사적 사실과 굴비란 이름을 잘 엮은 그럴듯한 스토리텔링이라고 할 만하다.

사랑받는 술안주이자 반찬, 그리고 의약품

 석수어石首魚란 이름의 생선 조기, 그리고 이 조기를 염장하여 건조한 굴비는 조선 초기에도 많은 사랑을 받았던 것으로 보인다. 『조선왕조실록』의 『태조실록』에는 태조 6년 4월 1일에 처음 잡힌 석수어를 종묘에 천신했다고 나온다.[3] 천신薦新이란 새로 농사지은 과일이나 곡식 등을 조상이나 사직 등에 올리는 의식으로, 감사의 의미를 담은 예식이었다. 종묘는 조선 국왕의 조상을 모신 사당이므로 가장 중요한 천신 의례의 공간이었다. 종묘에 천신하는 물품은 월별로 차이가 있었으나 월마다 2-3개의 품목이었는데, 석수어가 천신 물품에 포함되었던 것이다.

 국왕뿐 아니라 지배층들에게도 석수어는 인기 있는 반찬이자 술안주였다. 고려말 대문호였던 목은 이색은 친구가 법주와 말린 석수어를 대접해 준 것에 사례하는 시를 지은 바 있다. '잔 비늘은 석수어라 이름하는데 (중략) 말린 고기는 맛이 절로 깊구나.'[4]라고 노래하였다. 이미 고려말에도 조기를 건조하여 먹는 것이 일반적이었던 것으로 보인다. 아울러 17세기 문신이었던 이응희는 자신의 시집에서 이렇게 노래하기도 하였다.

腥風擁海口	비릿한 바람이 바다 어귀에 불면
黃腹滿魚船	노란 배 조기가 어선에 가득하지
爛炙知佳餐	불에 구우면 좋은 반찬이 되고
濃湯作美鮮	탕으로 끓여도 맛이 좋아라
形容雖不碩	그 모습은 비록 크지 않지만
爲物用無偏	쓰임새는 한두 곳이 아닐세
最憐乾曝後	가장 좋은 건 굴비로 말리면
當食必登先[5]	밥반찬으로 가장 으뜸이라네

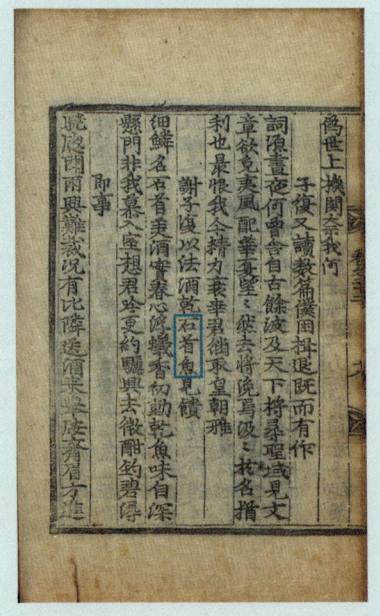

그림 3
『목은집』,
한국국학진흥원 소장,
풍산류씨 서애파문중·병산서원운영위원회 기탁

이렇게 술안주 또는 밥반찬으로 인기 있는 조기였지만, 의약품으로 사용되기도 하였다. 『동의보감』에서 조기는 과일 독을 치료하는 데 효과가 있다고 하였고, 특히 오이를 먹고 탈이 나면 조기가 약이라고 하였다. 아울러 조기가 '석수어'란 이름으로 불리게 된 것은 머리가 단단하다는 것이었는데, 이 머리를 단단하게 만드는 작은 돌이 약으로 자주 활용되었다. 『동의보감』에서는 '조기 머리에 있는 바둑알 같은 작은 돌을 석림(오늘날 병명으로 요로결석)에 주로 쓴다.'라고 하였다. 또 『본초강목』에서도 '조기 머릿돌을 갈아서 복용하거나 태워서 낸 재를 하루 세 번 복용한다. 소변이 잘 나오지 않는 증상을 치료한다.'라는 내용이 나와 있다. 조기의 머릿돌이 주로 비뇨기과 질병에 활용되었던 것이다.

영광굴비의 또 다른 이름, 법성포굴비

이렇듯 조선시대 이전부터 유명했던 영광굴비를 부르는 다른 이름이 바로 '법성포굴비'이다. 법성포는 영광군에 위치하고 있는 포구인데, 아마도 영광굴비가 전국적인 명성을 얻는 데에는 이 법성포의 존재도 큰 몫을 했으리라 생각된다.

법성포는 영광 북부에 위치한 포구로, 조선 건국 이전부터 중요한 포구로 기능하고 있었다. 조선 초기에는 이 지역에 수군만호가 주둔하는 만호진이 설치되어 있었고, 여기에 수군 약 5백 명과 병선 8척이 상주하면서 주로 왜구를 방어하는 역할을 담당하고 있었다.

이후 중종 대에 이르러 이 법성포가 조운창의 역할을 담당하기 시작하였다. 조운이란 지역의 조세 및 공물을 배를 통해 서울로 수송하는 시스템이었다. 지역마다 조운 거점으로 창고를 설치하고 인근 지역의 조세 및 공물을 해당 창고로 집중시킨 다음 해당 물류를 배로 이용하여 서울로 수송하였던 것이다. 따라서 조운창이 설치된 지역은 자연히 상업 물류의 중심지로 떠오르게 되는데, 법성창 역시 전라도 중부 지역의 조세와 물류가 집중되는 지역이었다. 이 과정에서 법성포의 특산물인 영광굴비 역시 서울로의 수송이 한층 활발해졌으리라 추정해 볼 수 있다.

영광과 쌍벽을 이루는 조기 산지, 연평도

이처럼 영광굴비는 조선 초부터 혹은 그 이전부터 전국적인 명성을 얻고 있었다. 그런데 이 영광 못지않게 조기로 유명한 고을이 또 있었는데 바로 황해도의 연평도 인근이었다. 그런데 이 연평도의 조기잡이에 대해서도 믿거나 말거나 한 설화가 존재한다. 주인공은 바로 인조 대의 평안병사였던 임경업이다.

임경업 장군이 명나라와 연합하여 청나라를 치기 위한 계획을 짜고 있었는데, 그만 그 계획을 담은 비밀문서가 탄로가 난다. 그리하여 임경업은 명나라로 피신하기 위하여 배를 타고 연평도에 이르렀다. 해안가의 암석에다 나무로 만든 발을 만들어서 꽂았는데, 여기에 수천 마리의 조기가 걸렸다고 한다. 이를 계기로 연평도 지역의 조기잡이가 시작되었다는 이야기이다.

그러나 이것은 사실이 아닌 구전설화이다. 앞서 영광 지역이 이미 『세종실록지리지』에 기록되었던 것과 같이, 『세종실록지리지』의 황해도 해주목에도 같은 기록이 존재한다.

> 토산: 석수어. 주의 남쪽 연평평에서 난다. 【봄·여름 사이
> 에 여러 곳의 어선漁船이 모두 이곳에 모여 그물로

잡는데, 관청에서 그 세금을 받아서 국용國用에 이바지한다.]⁶

파시평과 연평평의 차이만 있을 뿐 똑같은 내용임을 확인할 수 있다. 『세종실록지리지』가 만들어진 시점은 1400년대 초중반이고, 임경업 장군은 17세기에 활약한 인물이다. 이미 임경업이 평안병사이기 200여 년 전부터 이 지역은 조기잡이로 유명했던 것이다. 앞서 이자겸의 일화와 마찬가지로 이야기를 좋아하는 사람이 만들어 낸 설화가 전해진 것으로 보인다.

이 연평도 일대의 조기잡이는 최근까지도 호황이었는데, 2000년대 어간 중국 어선들이 불법으로 해안 경계를 넘어와 조업을 하는 것이 문제가 된 적이 있었다. 당시 중국 어선들이 잡았던 어종이 바로 이 조기였다. 영광과 연평도의 굴비는 조선시대부터 오늘날까지 줄곧 지역의 특산품으로 각광받은 어종이었던 셈이다.

2

조선 전기에는 없던 생선, 명태

현대 한국인의 가정 밥상에 단골로 등장하는 '서민의 생선'을 꼽자면 아마도 고등어를 가장 먼저 떠올릴 수 있을 것이다. 다른 생선에 비하여 비싸지 않은 가격으로 구이에서 조림까지 다양한 요리로 저녁 한 끼를 해결할 수 있는 친근한 생선이다. 그래서인지 대중가요의 소재로도 자주 등장하는 고등어는 '어머니와 고등어(산울림)' '고등어(루시드폴)'와 같은 숱한 히트곡의 주인공이 되었다.

그런데 이 고등어 못지않게, 아니 어쩌면 고등어보다도 훨씬 더 유명한 서민의 생선이 있다. 이 장에서 살펴볼 명태이다.

가장 서민적인 생선, 명태

어떤 외롭고 가난한 시인이
밤늦게 시를 쓰다가
소주를 마실 때
그의 시가 되어도 좋다
그의 안주가 되어도 좋다
짜악 짝 찢어지어
내 몸은 없어질지라도
내 이름만은 남아 있으리라
'명태'라고 이 세상에 남아 있으리라

위에 인용한 시는 양명문 시인의 '명태'란 시의 일부이다. 이 시에 오현명 작곡가가 곡을 붙여 한국인이 사랑하는 가곡 '명태'가 만들어졌는데, 그중 일부를 인용한 것이다. 위의 시처럼 한 몸을 바쳐 가난한 시인의 술안주를 자처하는, 한국인이 좋아하는 반찬이자 술안주가 바로 명태였다.

그런데 시인이 노랬던 마지막 구절, '명태'라는 이름이 세상에 남아 있으리란 바람은 애석하게도(?) 이루어지지 않았다. 세상 사람

그림 4
명태, 국립생물자원관에서 전재

들은 이 명태를 잡은 채 바로, 혹은 얼려서, 혹은 말려서, 혹은 눈과 바람 속에 말려서 너무나 다양한 방식으로 먹게 된 나머지, '명태'란 이름보다 숱한 별명으로 더욱 유명해지게 되었던 것이다. 다음은 가수 강산애가 부른 '명태'란 노래에 등장하는 노랫말이다.

> 겨울철에 잡아 올린 동태/3, 4월 봄에 잡히는 생태/알을 낳고 서리 살이 별로 없어 뼈만 남다시피 한 건태/냉동이 안 된 생태/겨울에 눈 맞아가며 얼었다 녹았다 황태/영겹

은 어디갔니 비물태/낚시태 망물태 왜액태 바람태 애기태/
이에 노가리는 앵치/이 밖에도 그 잡는 방법에 따라 지방
에 따라 뭐 뭐 그리많은지 (하략)

노랫말에 등장하는 이름만 해도 상당한데, 심지어 저 가사에는 빠져 있는 이름도 있다. 독자들이 모두 아는 '북어' 역시 명태를 건조한 것을 말하고, 건조 당시 날씨가 온난해지면서 껍질이 까맣게 변한 것은 '먹태'라고 부르기도 한다. 내장을 제거하여 반 건조한 명태를 여러 마리 꿰어 말린 것은 '코다리'라고 부르기도 한다. 그리고 노랫말과 달리 동태는 잡은 명태를 얼린 것을 지칭하기도 하고, '북어'를 다른 말로 '건태'로 부르는 경우도 있다. 이 밖에도 더 있지만 분명한 것은, 단일 어종의 생선을 이토록 많은 용어로 지칭하는 경우는 명태 외에는 찾아보기 어렵다는 것이다.

이름의 다양함은 그만큼 명태가 여러 용도의 식자재로 쓰이며, 특히 서민들의 삶과 밀접하다는 것의 반증일 것이다. 그런데 이러한 명태가 한반도 사람들의 밥상에 오른 역사는 생각보다 매우 짧다. 명태가 우리 밥상에 자리 잡은 시점은 과연 언제부터였을까. 명태 이야기는 여기서부터 시작해 보자.

조선 전기에는 명태가 없다고?

앞서 영광굴비 이야기를 할 때에도 언급하였지만, 우리나라에서 각 지방의 산물을 확인할 수 있는 유용한 자료가 바로 지리지이다. 특히 『세종실록지리지』는 세종 14년에 만들어져 15세기 초중반의 상황을 전해주고, 『신증동국여지승람』은 성종 대 만들어지고 중종 대 한 차례 증보된 자료로 15세기 후반부터 16세기 중반의 상황을 전해주는 자료이다. 이 지리지에서 명태는 어느 지역의 특산물로 기록되어 있을까?

놀랍게도 이 두 지리지에는 명태가 전혀 등장하지 않는다. 그러니까 적어도 16세기 중반까지는 명태란 이름도 존재하지 않았다는 것이고, 이름이 등장하지 않는다는 것은 백성들이 즐겨 먹는 생선이 아니거나, 전혀 잡히지 않는 어종이었다는 뜻일 것이다.

명태가 본격적으로 등장하는 것은 임진왜란과 병자호란 이후인 17세기 무렵이었다. '명태'란 생선 이름에 대해서, 『임하필기』란 자료에는 재미난 유래가 전하고 있다.

> 명천明川에 사는 어부漁父 중에 태씨太氏 성을 가진 자가 있었다. 어느 날 낚시로 물고기 한 마리를 낚아 고을 관청의

주방廚房 일을 보는 아전으로 하여금 도백道伯에게 드리게 하였는데, 도백이 이를 매우 맛있게 여겨 물고기의 이름을 물었으나 아무도 알지 못하고 단지 "태 어부太漁父가 잡은 것이다."라고만 대답하였다. 이에 도백이 말하기를, "명천의 태씨가 잡았으니, 명태라고 이름을 붙이면 좋겠다."라고 하였다. 이로부터 이 물고기가 해마다 수천 석씩 잡혀 팔도에 두루 퍼지게 되었는데, 북어北魚라고 불렀다.[7]

위의 이야기는 여러 가지 미심쩍은 내용들을 담고 있다. 이야기에 등장하는 도백은 정식 명칭이 관찰사로, 오늘날 도지사와 같은 도 단위 행정, 군사책임자이다. 처음 보는 생선을 관찰사에게 요리하여 올렸다는 사실도 미심쩍고, 무엇보다 함경도 관찰사가 거주하는 함흥과 명천은 꽤 거리가 있는데 이를 바로 올릴 수 있었을까도 의심스럽다. 그렇지만 명태가 조선 후기 새로 등장한 어종이고 그에 따라 이름이 붙은 연유에 대한 이야기가 구전되었다는 사실은 확인할 수 있다. 재미난 점은 이 이야기의 후미에 붙은 또 다른 이야기이다.

민정중閔鼎重이 말하기를, "300년 뒤에는 이 고기가 지금보다 귀해질 것이다."라고 하였는데, 이제 그 말이 들어맞은 셈이다. 내가 원산元山을 지나다가 이 물고기가 쌓여 있는 것을 보았는데, 마치 오강五江(지금의 한강漢江 일대를 말함)에 쌓인 땔나무처럼 많아서 그 수효를 헤아릴 수 없었다.[8]

이야기에 등장하는 민정중은 17세기를 살았던 인물이고, 『임하필기』를 저술한 이유원은 19세기를 살았던 인물이다. 민정중의 시대에 명태는 이제 막 잡히기 시작한 생소한 어종이었지만 200년이 지난 시점에는 한강 일대의 수산물 시장에 가장 많이 거래되는 생선이 되었던 것이다. 이유원이 보기에 가난한 서민도 먹을 수 있는 생선이 '귀한 생선'이었던 셈이다.

그런데 필자가 보기에 민정중의 예언은 아마도 다른 의미였던 듯하다. 2010년부터 동해안에 명태 개체 수가 급감하면서 한국에서 명태 어획량이 심각하게 줄어든 것이다. 그리하여 명태를 양식하기 위한 노력이 이어졌고, 2016년에는 양식 기술을 세계 최초로 개발하기도 하였다. 그러나 실제 양식이 성공하기 위한 여러 조건이 맞지 않아 아직까지는 본격적으로 양식이 시도되지 않고 있다. 현재가 민정중이 살던 시대와 대략 350년 정도 지난 시점임을 고려해 보면, 아마도 민정중의 예언은 오늘날 명태 어획의 급감을 예견했던 것이 아닐까?

조선 후기 출현하였다가 오늘날 자취를 감춘 명태

이렇게 보면 명태란 생선은 조선 후기에 나타나 급속하게 한반도 거주민의 밥상을 점령하였다가 어느 날 홀연히 동해안에서 자취를 감춘 셈이다. 그렇지만 한국인들에게 이미 명태는 빠질 수 없는 식품이 되어서, 오늘날에도 국내 소비량이 가장 많은 생선으로 집계되고 있다. 다만 우리나라 동해안에서는 명태를 잡기가 어려워져 오늘날에는 대부분 러시아산 명태를 수입하여 소비하고 있는 실정이다. 우리나라 역사에 이처럼 극적으로 등장하였다가 홀연히 사라진 생물이 명태 말고 또 있을까 싶다.

그럼 이러한 명태의 출현과 사라짐은 어떻게 이해할 수 있을까. 아무래도 명태가 서식하는 차가운 바닷물, 즉 한류의 영향으로 보는 것이 합리적이라고 보인다. 최근 지구의 평균온도가 급격히 올라가면서 기후 위기가 심화되고 있고, 그 원인은 인간들이 배출하는 탄소 때문으로 이야기되고 있다. 오늘날 동해안에서 명태가 사라진 이유도 이러한 기후 위기와 관련이 깊다고 할 수 있다.

그러나 인간의 탄소배출 행위가 없었던 시절에도 지구의 기후는 더워졌다가 추워졌다가를 반복하였다. 태양 운동에 따라 지구에 도착하는 태양열의 양이 변화한다든지, 화산 폭발 등으로 화산재가

대기에 쌓여 태양열의 전달이 원활하지 않는다든지 하는 다양한 이유로 지구 온도는 지속적으로 변화해 왔다. 그리고 이러한 기후 변화와 상응하여 원인과 결과로 나타나는 것이 바로 바닷물의 온도 변화였다. 바닷물의 온도 변화는 공기의 온도 변화를 가져오게 되고 이것이 기후에 큰 영향을 미치는 것이다.

잘 알려진 것처럼 기후의 변동은 지구의 식생에 변화를 가져오고, 무엇보다 인간에게 가장 중요한 산업인 농업, 어업 등에 큰 영향을 미친다. 일반적으로 평균기온이 올라가면(오늘날의 탄소배출로 인한 기온 상승처럼 급격한 것이 아니라면) 농작물의 작황에 긍정적 영향을 미치고, 이에 따라 인구가 증가하고 역사의 여러 부분이 발전하는 영향을 가져온다. 반면 평균기온의 하강은 작황에 좋지 않은 영향을 미치고, 농업 생산성의 하락은 인간의 면역력 감소나 질병의 만연 등과 같은 결과를 낳는다.

역사학에서도 최근에는 이러한 기후의 변동이 역사에 미치는 영향에 대해 활발한 연구가 진행되고 있다. 가령 12~13세기 서양 중세의 발전을 온난한 기후의 영향으로 해석한다거나, 혹은 이후 벌어진 13~14세기 유럽의 흑사병 창궐과 같은 사건을 '소빙기'의 영향으로 해석하는 등의 해석이다. 물론 인간 생활의 여건이 열악해지는 것이 꼭 부정적인 결과만을 낳은 것은 아니었다. 프랑스 대혁명과 같은 인류사의 사건의 배후에 1780년대 아이슬란드의 화산 폭발과 그에 따른 농작물 가격의 폭등 등을 거론하기도 한다.

  이러한 영향으로 한국사에서도 기후가 역사에 미치는 영향에 대해 연구가 시작되고 있으나 아직 본격화되고 있다고는 보기 어렵다. 그러나 선구적인 연구들에 따르면 16~17세기는 평균 기온이 낮은 '소빙기'였다고 보고 있는데, 명태의 출현 역시 이러한 맥락에서 이해해 볼 수 있으리라 생각된다. 14~15세기는 상대적으로 온난한 기후였던 반면 16세기 이후부터 평균 기온이 낮아지고 추운 바닷물이 동해안 깊숙이까지 흘러들어 오면서 명태가 출현하였던 것으로 추론해 볼 수 있다.

명태의 또 다른 이름, 북어 北魚

명태의 또 다른 이름인 북어는 오늘날에는 건조한 명태를 지칭하지만, 조선시대에는 명태 자체를 지칭하는 용어로도 쓰였다. 그리고 이 북어란 이름에 바로 명태의 산지가 나타나 있었다. '북쪽에서 온 생선'이란 뜻이다.

앞서 명태 이름의 기원과 관련된 이야기에서도 보듯이 명태는 주로 함경도에서 잡혔다. 앞서 언급하였듯이 조선 전기 기록에는 명태 혹은 북어와 관련된 기록을 찾아볼 수 없으나, 18세기 편찬된 전국지리지인 『여지도서』에는 함경도 길주목과 북청부에서 '명태어 明太魚'가 물산 항목에 기록되어 있고, 강원도의 간성군에서도 명태가 기록되어 있다. 명태의 유명세에 비하여 기록된 군현의 수가 많지 않은 편인데, 이는 지리지에 산물로 기록될 경우 수세가 뒤따를 수 있기 때문에 지역에서 해당 물종을 기록하는 데 인색하였기 때문이라고 이해할 수 있다.

함경도 또는 북부 강원도에서 잡힌 명태는 다른 지역에 생물로 유통되기가 어려웠다. 이에 따라 건조한 채로 유통, 판매되었다. 조선시대 지리 감각에서 보통 '북'은 함경도 지방을, '서'는 평안도 지방을 언급하는 용어로 많이 쓰였는데, '북어'란 이름은 말 그대로 함

그림 5
함북 청진 명태 덕장, 국립중앙박물관 소장, e뮤지엄에서 전재

경도 지방의 생선이란 의미로 쓰였던 것이다.

이러한 북어는 육로로 원산 등을 거쳐 한양으로 수송되기도 하였고, 아예 동해안과 남해안을 경유하여 서해안까지 유통되기도 하였다. 육로로 수송될 때에는 주로 서울의 동북쪽에 위치한 양주의 '누원점'을 거쳐 한양 도성 내로 유통되었는데, 누원점은 함경도 및 강원도 북부 물화와 삼남 지방의 물화가 교환되는 큰 거래처였다. 이

누원점의 주요한 유통 물품 중 하나가 북어였던 것이다. 아울러 서해안에 위치한 금강 하구 강경포에도 함경도 상인이 배에 북어를 싣고 정박한 기록이 남아 있으며, 앞서 본 자료에서처럼 한양의 다섯 포구에도 모두 북어가 가득 쌓여 있다는 것을 보면 배를 통한 수송으로 북어가 전국으로 유통되었음을 확인해 볼 수 있다.

이처럼 조선 후기 나타나 서민들의 양식이 되어준 명태가, 다시금 한반도로 돌아올 날도 기대해 본다. 가난한 시인이 시를 쓸 때, 소주에 곁들이는 안주가 러시아산 북어란 건 아무래도 좀 구색이 맞지 않으니까 말이다.

3

광주 도자기는 언제부터 유명했을까?

현대 한국인들에게 도자기로 가장 유명한 곳은 아마도 경기도 광주시가 아닐까 싶다. 실제로 광주시 곤지암읍에는 상당한 규모의 도자기 박물관이 자리하고 있으며, 광주시에서는 '왕실도자기축제'도 매년 개최되고 있어 올해로 벌써 27회를 맞이하고 있다. 그런데 이처럼 광주가 도자기로 유명해진 것은 언제부터였을까? 본 책에서 다루는 여러 특산물들은 그것이 유명해진 계기나 시기를 정확히 특정하기 어려운 것이 대부분이지만, 광주 도자기의 경우 역사적 연원을 분명히 알 수 있는 소재이기도 하다. 이제 광주 도자기가 언제부터 유명해졌는지 살펴보도록 하자.

고려청자가 유명했던 동네는 어디?

도자기는 선사시대부터 인류의 생활을 보여주는 대표적인 유물이지만, 아무래도 일반인들에게 '도자기' 하면 떠오르는 이미지 중 대부분은 고려청자이지 않을까 싶다. 동시대 중국인들도 극찬하였다는 고려청자는 그 유려한 모양과 빛깔로 한국의 문화를 대표하는 이미지로 사랑받고 있다.

그런데 이 고려청자가 생산되었던 지역은 어디였을까? 도자사 연구자들과 고고학자들의 발굴을 토대로 추정해 보면 고려시대 청자의 주요 산지는 아래 지도와 같다.

그림 6
고려청자 가마터 분포도,[9]
전라북도 부안군에 위치한 '부안청자박물관'의 전시 패널

그림에서는 고려청자의 발생기, 발전기, 전성기, 쇠퇴기 등으로 나누어 도요지 분포를 표기하고 있는데, 눈에 띄는 것은 절반 이상의 청자 도요지가 주로 한반도 서남부에 위치하고 있다는 점이다. 특히 유명한 것은 전북 부안과 전남 강진에 위치한 도요지들인데, 실제로 이들 지역에서 생산된 청자가 배를 통해 수송되다가 좌초되어 해양 유물로 발견되기도 하였다. 그런데 고려청자가 활발히 생산, 유통되던 시기까지는 아직 광주는 도자기 생산으로 유명한 지역이 아니었던 것으로 보인다.

그렇다면 고려청자의 도요지는 왜 이러한 분포를 보이는 것일까? 도자기를 생산하는 가마터의 입지는 크게 두 가지를 고려해야 한다. 첫째로는 원료의 수급이 용이한 곳이다. 도자기 생산에는 도자기를 빚을 흙이 무엇보다 중요하다. 아울러 높은 온도로 가마를 계속 유지하기 위해서는 상당한 땔감이 필요하다. 도자기를 빚을 고운 흙과 많은 양의 땔감을 동시에 조달할 수 있는 곳이 가마터가 생기기 좋은 곳이었다.

둘째로는 완성된 도자기를 수송하기 용이한 곳이어야 했다. 고려청자만 보더라도 고운 모양과 빛깔로 유추해 보건대 상당히 고가의 물품이었음을 어렵지 않게 짐작할 수 있다. 그렇다면 이렇게 만들어진 도자기들의 최대 소비처는 어디였을까? 바로 왕실 및 국가의 지배층들이 모여 사는 개성이었을 것이다. 국가에 대한 세금 납부 건, 아니면 시장에 판매하기 위해서이건 개성까지 도자기를 수송할 수 있는 여건은 아무래도 해운이나 수운이 용이하였다. 따라서 물길을 이용할 수 있는 곳에 가마터가 생기는 것 또한 자연스러운 일이었다. 이를 고려해 보면 현재 발굴되고 있는 고려시대 가마터의 분포 역시 수긍이 된다.

조선 초기 도자기의 생산과 공납

고려시대 이후 조선시대에는 어떠했을까? 조선 초기의 경우 전국에 걸쳐 상당수의 도자기 가마가 있었던 것으로 보이는데, 이를 전해주는 가장 중요한 자료가 『세종실록지리지』이다. 『세종실록지리지』에는 모두 139개의 자기소, 그리고 185개의 도기소가 전국에 걸쳐 기재되어 있다. 이 중 상당수는 현재의 고고학 발굴로 실존 여부가 찾아지기도 하였으나 아직 그 정확한 위치를 찾지 못한 경우도 상당수이다.

〈표 1〉 『세종실록지리지』 소재 자기소·도기소[10]

	자기소				
	상품	중품	하품	표시×	계
경기	1		13		14
충청		12	11		23
경상	3	8	26		37
전라		15	12	4	31
강원		2	2		4
황해		6	6		12
평안		2	11		13
함길			5		5
합계	4	45	86	4	139

	도기소				
	상품	중품	하품	표시×	계
경기		6	12	2	20
충청		6	31	1	38
경상		6	28		34
전라		8	23	8	39
강원			10		10
황해		6	11		17
평안		1	10	1	12
함길			6	9	15
합계		33	130	22	185

　우선 궁금한 점은 자기소와 도기소의 차이가 무엇인가 하는 점이다. 『세종실록지리지』 상에서는 자기와 도기의 차이를 명확하게 서술하고 있지 않다. 연구자들의 추정은 보통 우리가 도자기라고 부르는 것은 자기로 명명한 것으로 보고 있고, 독이나 항아리같이 큰 것은 '도기'로 부른 것으로 보고 있다. 따라서 우리가 이야기하는 도자기는 아마도 자기소에서 제작된 것으로 생각된다.

　그런데 국가에서는 이들 자기소와 도기소를 왜 일일이 파악하여 지리지에 수록해 두었던 것일까. 이들 자기소와 도기소는 국가에 자기 및 도기를 공납해야 할 의무를 가진 곳이었다. 조선에서는 도자기 수요가 이전 시기에 비하여 월등히 많았는데, 그 이유는 금이나 은으로 만든 그릇 등을 사용하지 않았기 때문이다. 국왕의 검소

함을 강조하는 성리학적 이유도 있으나, 명나라와의 관계도 큰 배경 중 하나였다. 당시 명나라는 조선에게 공물로 금이나 은을 요구하였는데, 조선은 이에 대해 금과 은이 생산되지 않는다는 논리로 이러한 공물 요구를 철회해 달라는 논리를 폈다. 이러한 상황에서 금과 은을 왕실이나 국가 관서에서 사용하기는 거북하였던 것이다. 이에 따라 도자기 수요가 이전 왕조인 고려시대보다도 월등히 많았던 것으로 보인다.

그리고 이 많은 수요의 도자기를 전국에 산재한 자기소와 도기소를 통해 조달하였다. 실제로 15세기 초반 출토된 도자기 중에는 납부하는 관청의 이름이 새겨진 것들이 상당수 발견된다. '경승부', '인수부'와 같이 왕실과 관련된 관서명부터 '장흥고' 같은 관서명이 쓰여진 도자기들이 전국에 산재한 자기소에서 만들어져 서울로 납품된 것들이었다.[11]

한 가지 더 주목되는 것은 〈표 1〉에 표시된 자기소와 도기소에 각각 생산품의 품질 등급을 표시해 두고 있다는 점이다. 전국 139개의 자기소 중 상품의 자기를 생산하는 곳은 총 4곳에 불과한데, 각각 경기도 광주 벌을천에 하나, 경상도 상주목에 두 곳, 그리고 경상도 고령현에 한 곳의 자기소이다. 조선 초기부터 광주는 상품 도자기를 생산하는 지역으로 떠올랐던 것이다.

15세기 후반 사옹원 분원의 설립

이러한 도자기 공납 체제는 15세기 중후반 경부터 큰 변화를 맞이하게 되었다. 과거 전국에 산재해 있던 300여 개의 자기소와 도기소에서 생산한 것을 서울로 공납하던 체제를 바꾸어서 경기도 광주에 왕실과 국가 관서에 필요한 도자기를 독점적으로 생산, 납품하는 시설을 만들었던 것이다. 이때 경기도 광주에 생긴 시설을 사옹원 분원分院이라고 지칭하는데, 연구자에 따라 분원 대신 관요官窯라는 보다 포괄적인 용어를 사용하기도 한다.

사옹원이란 관서는 왕실의 식사나 음식의 공급을 맡아보던 관청이었다. 일상적인 음식 외에도 궁중에서 벌어지는 각종 연회 등에 필요한 음식을 담당하기도 하였다. 분원이란 말 그대로 이 사옹원의 역할을 나누어 담당한다는 뜻으로, 음식 제공에 필요한 도자기를 생산하여 납품한다는 의미로 사용된 것이다. 15세기 후반 편찬된 『경국대전』에 의하면 광주 사옹원 분원에 배속된 사기장은 모두 380명으로 그 규모가 상당했음을 확인할 수 있다.

이때 경기도 광주에 설치된 분원은 한 군데에서 지속적으로 도자기를 생산한 것이 아니라 약 10년 정도의 주기를 두고 위치를 옮겨 다녔다. 앞서 이야기한 것처럼 도자기 생산에는 가마터에 필요한 땔감이 상당하였는데, 이 땔감이 소진됨에 따라 인근 다른 지역으로 옮겨가며 가마를 설치하였던 것이다. 이에 따라 국가에서는 사옹원 분원에 시장柴場, 즉 땔감을 공수할 수 있는 조달처를 광주 일대에 지급하였고, 이를 분원시장절수처分院柴場折受處라고 부르기도 하였다. 현재의 행정구역 지명으로 광주시의 퇴촌면, 실촌면, 초월면, 도척면, 경안면, 오포면의 6개 면 내에 시장절수처가 존재하였고, 조선시대 사옹원 분원은 이곳 6개 지역을 이동하면서 운영되었다.

그러나 한 번 분원이 설치되어 땔감을 채취한 이후에는 다시 수목이 우거질 때까지 많은 시간이 필요하였고, 국가에서는 차라리 교통이 편리한 곳에 분원을 고정하여 설치하고 땔감을 수송해 오는 방식을 건의하였다. 이리하여 18세기 전반에는 교통이 편리한 경안천 옆으로 분원을 설치하고, 인근 지역에서 땔감을 수송해 오는 방식으로 운영하였다. 그 지역이 현재 경기도 광주시의 분원리 일대였던 것이다.

근대화 시기의 분원마을

15세기 후반부터 조선 말엽까지 경기도 광주는 도자기 생산의 중심지가 될 수 있었다. 특히 왕실과 조정에서 사용하는 가장 높은 수준의 도자기를 생산하는 곳이니만큼, 품질 역시 여타 지역의 도자기와는 확연한 차이가 있었다. 고려 말엽부터 조선 초기까지 광주는 전국적으로 품질이 좋은 도자기를 생산하는 몇 군데 지역 중 하나였다면, 15세기 후반 이후에는 독보적인 도자기 고을로 자리 잡을 수 있었던 것이다.

그러나 19세기 후반부터 일본 및 서양 세력이 조선에 침투하고, 조선 내부에서도 근대화에 대한 논의가 시작되면서 광주 도자기 생산 역시 많은 변화를 겪게 되었다. 현재 남아있는 『하재일기』라는 자료는 광주의 분원마을에서 생산된 도자기를 서울로 납품하던 공인貢人 지규식池圭植의 일기인데, 1891년부터 1911년까지 약 20년간의 기록을 남기고 있다. 일기에 따르면 1895년 분원은 더 이상 왕실에 독점적인 도자기 공급처가 아니라 완전한 민영화를 이루게 되었다. 이후 지규식은 독자적인 도자기 생산 공장을 차리기도 하였고, 1910년 분원자기주식회사가 설립될 때에는 발기인이 되기도 하였다.

이처럼 조선시대 관영수공업 체제에서 도자기 생산의 중심지였던 광주는 개화기에 민영화된 도자기 회사들이 설립되면서 새로운 형태의 도자기 중심지로 거듭나게 되었다. 그러나 1910년 이후 일본에 국권을 침탈당하였고, 분원에 설립되었던 분원자기주식회사 역시 1916년을 마지막으로 폐업에 이르게 되었다.

4

대표적인 '양반동네',
안동의 특산물

오늘날 한국인에게 가장 전통이 잘 보존된 도시를 물어본다면, 아마도 많은 사람들이 안동을 떠올릴 것이다. 도산서원, 병산서원과 같은 서원들이 즐비하고, 한국에서 가장 오래된 목조건물을 품고 있는 봉정사와 같은 천년 고찰도 존재한다. 기와집과 초가집이 잘 보존되어 있는 하회마을도 빼놓을 수 없는 볼거리이다. 이러한 점 때문인지 안동시는 스스로를 '한국 정신문화의 수도'라고 자랑하기도 한다.

그런데 이러한 안동을 여행한 사람들의 뇌리에 남아있는 특산물은 무엇일까? 정도의 차이는 있지만 아마도 많은 사람들이 찜닭과 간고등어, 그리고 안동 구시장 내에 남아있는 '맘○○ 베이커리'의 크림치즈 빵을 떠올릴 듯하다. 실제로 안동 여행지에서 만날 수 있는 식당들의 메뉴는 대부분 찜닭과 간고등어 일색이다. 찜닭은 1980년대 프랜차이즈 치킨이 창궐하자 새로운 활로를 모색하던 통닭집에서 처음 선보였다가 이후 프랜차이즈로 성장하면서 전국적인 인기를 얻게 된 메뉴이다. 간고등어 역시 내륙에 고등어 유통을 위해 특별한 간을 더하면서 만들어졌다고 한다. '맘○○ 베이커리'는 1974년부터 영업을 시작했다. 전통의 도시 안동에서 사람들이 즐기는 것들은 대부분 현대에 만들어진 것들인 셈이다.

그렇지만 안동의 특산물이 찜닭과 간고등어, 그리고 맘○○ 베이커리라고 이야기하기엔, 고색창연한 전통에 어딘가 맞지 않는 느낌이다. 그 옛날, 퇴계 선생이나 서애 선생이 살던 시기 그리고 그 조상들과 후손들이 살던 조선시대의 안동, 그 지역에선 어떤 것들이 유명했을까. 조선시대 안동의 진짜 '특산물'이 무엇인지 살펴보고자 한다.

눈을 닮은 풀솜, 설면자雪綿子

첫 번째로 소개할 안동의 특산물은 설면자雪綿子이다. 풀솜이라고도 불리는데, 광택이 있고 일반적인 목화솜에 비하여 가볍고 따뜻한 특성이 있다. 『연산군일기』에 의하면 임금이 입을 의대를 지을 때 설면자를 넣었다고 하니,[12] 상당히 고급이었던 것으로 볼 수 있다. 『중종실록』에는 설면자를 훔쳤다가 잡힌 사람이 고문 과정에서 사망한 기사도 나오며,[13] 『인조실록』에는 설면으로 만든 옷을 뇌물로 사용한 기록도 등장한다.[14] 아마도 설면자를 넣은 옷은 당시에도 상당한 고가로, 임금을 비롯한 높은 신분의 사람들만이 입을 수 있었던 것으로 보인다.

이렇듯 귀한 재료였던 설면자는 『세종실록지리지』에 의하면 설면자는 오직 경상도 지역에서, 그것도 안동 지역에서만 생산되었던 것으로 보인다. 『세종실록지리지』에서 각 도별로 내용을 기록할 때 맨 앞에 도 총론을 기록하게 되어 있는데, 거기에 해당 도에서 바치는 부세 및 공물의 품목을 열거해 두고 있다. 설면자는 유일하게 경상도 지역의 부세에만 등장하고 있다.

경상도 도 총론 뒤에는 각 고을마다의 내용이 기재되어 있는데, 역시 해당 군현의 부세와 공물이 기재되어 있다. 그런데 설면자는 유일하게 안동대도호부에만 부세로 기재되어 있다. 경상도 지역의 군현이 모두 66개(『세종실록지리지』 기준)에 달하는데, 유일하게 안동에서만 설면자가 기록되어 있는 것이다. 이 정도면 안동의 특산물이라 해도 손색이 없을 듯하다.

설면자는 비단옷에만 사용된 것이 아니었다. 연산군 대에 명나라로 사신을 갔던 조숙기의 보고에 의하면, 명나라의 예부에서 조선 사신을 매우 칭찬하였다고 한다. 그 이유가 황제에게 바치는 글인 전문을 장식하는 데 설면자를 사용했다는 것이다.[15] 또, 임진왜란 당시에 명나라 장수인 진인이란 사람은 선조와의 대담에서 종이 사이에 설면자를 넣으면 방탄복을 만들 수 있다고 건의하기도 하였다.[16] 순조 대에는 숙종과 영조의 어진을 새로 봉안할 때, 어진을 담은 궤의 빈 구멍을 메꾸는 용도로 설면자를 사용하기도 하였다.[17] 황제에게 바치는 글이나 어진을 봉안할 때, 또 왜적을 막는 갑옷의 용도로 사용된 것을 보면 설면자는 당대에 아주 귀한 물건이었다는 것을 쉽사리 알 수 있다.

설면자는 조선시대 동안 줄곧 안동의 특산물로 생산, 유통되었다. 15세기 후반 만들어지고 16세기 증보된 『신증동국여지승람』과 18세기 만들어진 지리지 『여지도서』에도 모두 안동의 토산품으로 설면자를 기록해 두고 있다. 오늘날에는 문헌상의 기록만으로 전해지지만, 설면자는 조선시대 안동의 특산품으로 손색이 없는 것이었다.

신라대부터 내려온 유구한 전통, 안동포安東布

안동의 또 다른 특산품으로는 안동포를 들 수 있다. 독자들 대부분이 초등학교 시절, 신라의 길쌈내기 풍습에 대해 들어보았을 것이다. 주로 여성들이 하던 직물 만드는 노동을 하나의 페스티벌로 승화시킨 것이었다. 그런데 이들 신라 여성들이 길쌈을 통해 짜던 직물은 어떤 것이었을까? 아마도 누에고치를 통해 실을 뽑는 명주, 그리고 대마大麻에서 뽑아낸 삼베가 주종을 이루었을 것으로 추측된다. 앞서 살펴본 설면자의 경우 면화의 일종인데, 아시다시피 면화는 고려말 문익점을 통해 밀수(?)된 것이니만큼 아마 신라시대에는 존재하지 않았을 것이다.

15세기 무렵부터 면화가 우리나라 의복 생활에 중요한 역할을 담당하기 시작하였고, 16세기 이후에는 면포綿布가 직물의 표준으로 떠올랐다. 하지만 그 이전까지는 삼베로 만든 마포麻布가 가장 표준적인 직물이었다. 유수원이 쓴 『우서』에는 이러한 대목이 나온다.

> 우리나라에서는 삼국시대부터 고려 말에 이르기까지 마포麻布로만 옷을 지어 입었다. 그러다가 문익점이 목면의 씨를 얻어온 뒤에야 비로소 살갗이 어는 우환을 면하게 되었다.[18]

이렇듯 삼베를 직조한 마포가 의생활의 중심이었기 때문에 15세기까지는 마포의 생산이 전국적으로 활발하게 이루어졌다. 15세기 초반 사정을 전하는 『세종실록지리지』에는 전국 334개 고을 중 215개 고을에서 삼베를 생산할 정도였다.

다만 16세기 이후에는 면화 생산이 증가하면서 상대적으로 삼베 생산은 침체되었던 것으로 보인다. 16세기 초중반 상황을 전하는 『신증동국여지승람』에서는 삼베 생산지가 85곳 정도로 감소하였고, 조선 후기의 상황을 전하는 『여지도서』에는 전국 80개 고을이 삼베 생산지로 기록되어 있다. 15세기 초반에 비하여 약 1/3 정도로 감소한 것이다.

그러나 통풍이 용이하여 여름옷으로 적합하고, 상장례 등에서 수요가 높은 삼베이니만큼 조선 후기까지 삼베를 통한 직조는 꾸준히 이루어졌다. 특히 조선 후기 들어 상업이 활발해지면서 지역별로 특성을 가진 직물들이 시장에 유통되기 시작하였다. 이 과정에서 안동 지역에서 생산된 마포 역시 '안동포'란 이름으로 명성을 가지게 되었다. 19세기 전반에 지어진 「한양가」 가사에도 안동포의 명칭이 등장하고 있다. 안동포와 함께 마포로 유명했던 지역은 함경도 및 강원도 지역이었는데, 이곳에서 생산된 마포는 '북포北布'란 이름으로 불렸다. 1910년대 발간된 『조선산업지』에서는 조선의 직

그림 7
안동포,
국립민속박물관 소장,
e뮤지엄에서 전재

그림 8
안동포짜기 시연, 국가유산포털에서 전재

4. 대표적인 '양반동네', 안동의 특산물

물업을 소개하면서 저포, 마포, 북포, 안동포를 소개하였는데, 북포와 안동포는 마포의 일종이면서도 독특한 품질로 인하여 별도의 명칭으로 불렸던 것이다.

안동포의 특징으로는 일반적인 마포와 달리 생삼베로 짠다는 점이다. 삼베는 대마의 껍질로 직조하는데, 껍질을 벗기는 과정에서 대마를 익히기도 하고, 물을 사용하기도 한다. 그러나 안동포는 생으로 된 삼베를 사용한다. 그리하여 옷감이 가장 부드럽고 곱다는 특징을 가진다.

아울러 안동포는 매우 고운 실을 촘촘하게 직조하였다. 조선시대 직물의 품질은 주로 승수升數를 기준으로 하였다. 오승포, 삼승포 등의 이름이 바로 그것이다. 여기서 1승은 실 80올을 말하는데, 직물의 세로 폭인 8촌에 몇 올이 들어가느냐에 따라 승수가 정해졌다. 5승포라면 8촌 길이 안에 80×5=400올의 실이 들어간다는 것이다. 조선시대 국가에 세금으로 납부하는 포는 보통 5승포가 기준이었다.

그런데 안동포의 경우 실이 가늘고 촘촘한 직조가 가능했기 때문에 15승포까지 직조가 가능하였다고 한다. 오늘날에도 안동포의 생산이 이루어지고 있는데, 보통 8승포 이상이면 상품으로 친다고 한다. 올이 가는 안동포는 주로 옷감으로 사용되었고, 올이 굵은 안동포는 상복 등으로 활용되고 있다.

안동의 주요 진상품 중 하나, 은어

설면자나 안동포 외에도 안동에서 유명한 것으로는 은구어銀口魚, 오늘날 명칭으로는 은어를 꼽을 수 있다. 은어는 민물에서 부화하여 바다로 나아갔다가, 산란기가 되면 태어난 고향으로 돌아와 알을 낳는 어종이다. 길이는 대략 15-20cm 정도의 크기인데, 9~10월에 모래나 잔자갈 사이에 알을 낳는다.

이러한 은구어는 상당히 귀한 음식이었던 것으로 보이는데, 임금의 식재료로 진상품이었을 뿐 아니라 사신을 접대하거나 명나라 황제에게 진헌하는 용도로 사용되었다.[19] 또 종묘에 바치는 천신 물품이기도 하였다.[20] 그리하여 전국적으로 은구어를 많이 채취하여 공물 및 진상물로 납부하였는데, 『세종실록지리지』에 의하면 이러한 은구어가 생산되는 지역이 약 50개 군현인데, 이들 중 상당수가 안동을 비롯한 경상도 산간 지역의 군현들이었다.

그림 9
은어, 국립생물자원관에서 전재

그러나 시간이 흐르면서 은구어의 수요는 꾸준히 증가하였던 것으로 보인다. 이에 따라 16세기 사정을 전하는 『신증동국여지승람』에서는 전국에 걸쳐 은구어가 토산으로 산출되는 고을이 모두 109개 고을로 증가하였다. 그러나 역시 16세기에도 안동을 비롯한 봉화, 예천, 상주 등의 고을이 은구어 산지로 유명하였고, 경상도 고을이 42개 군현을 차지하고 있어 은구어가 가장 많이 나는 지역이었음은 변함이 없었다. 『신증동국여지승람』의 은구어가 토산으로 나는 고을 중 특징적인 것은 15세기까지 은구어가 전혀 기록되어 있지 않던 강원도 지역에서 은구어가 많이 난다는 점이다. 이에 대해 허균은 '영남에서 나는 은구어는 크고, 강원도의 것은 작다.'라고 표현하고 있다.[21] 산출의 빈도뿐 아니라 품질 역시 경상도 은구어가 강원도에 비하여 우월했던 것으로 보인다.

이리하여 안동과 인근 지역의 백성들은 진상품으로 은구어를 바쳐야 하는 부담을 안고 있었다. 이를 상징적으로 보여주는 것이 현재 안동시에 남아있는 석빙고였다. 1737~1740년 어간에 세워진 석빙고는 당시 예안현감인 이매신이 축조한 것인데, 은구어를 잡아 진상할 때까지 보관이 용이하게 하기 위하여 자신의 녹봉을 털어 지었다고 기록되어 있다. 예안은 현재는 행정구역상으로 안동시에 포함되어 있으나 조선시대에는 안동 인근의 독립된 고을이었다.

그림 10
안동 석빙고(좌)/안동 석빙고 내부(우), 국가유산포털에서 전재

 현재 석빙고는 설립 당시 위치가 아니라 안동댐 건립으로 이전한 것이다.
 이처럼 은구어는 안동 지방의 대표적인 진상품이었다. 물론 이 은구어로 인하여 많은 백성들이 동원되는 일도 많았다. 이에 따라 국가에서는 민폐를 줄이기 위하여 은구어 진상을 줄이기도 하고, 작은 은구어를 남획하는 일을 금지하기도 하였다. 이러한 은구어 또한 현대인들에게는 잘 알려지지 않은 안동의 전통적인 특산품이라 할 수 있다.

'추로지향'에 걸맞은 특산품, 자석벼루

마지막으로 안동의 특산으로 언급할 것은 자석벼루이다. 16세기 중반의 『신증동국여지승람』 안동의 토산 항목에는 자석紫石이 기록되어 있고, 주석으로 '독천禿川에서 나오는데, 벼루를 만들 수 있다'란 내용이 부기 되어 있다. 이 내용은 15세기 기록인 『세종실록지리지』에는 등장하지 않는 내용으로, 아마도 세종대 이후 새로 발견된 것으로 추정된다. 자석紫石이란 명칭에서도 추론이 가능하듯이, 까만 돌이 아니라 보랏빛이 감도는 벼룻돌이었다.

안동의 자석벼루는 16세기부터 이미 문헌에 등장하는데, 조선 중기 대문호였던 택당 이식은 멀리 안동의 친구로부터 받은 벼루에 대해 감사하며 읊조린 시가 존재하며, 조선 후기 지식인인 이규경도 『오주연문장전산고』에서 우리나라의 벼루로는 충청도 보령의 남포 벼루가 최고이고, 다음은 안동 구룡산의 물에 잠긴 마간석이라고 언급한 바 있었다. 비록 마간석의 벼룻돌이 『신증동국여지승람』에서 이야기한 자석인지는 정확하게 언급할 수 없지만, 안동의 벼룻돌이 전국적인 명성을 얻고 있는 것만은 분명해 보인다. 다만 조선 후기 대학자인 서유구가 남긴 『임원경제지』에는 29개 지역에서 생산되는 우리나라 벼룻돌에 대해 품질을 평한 내용이 남아 있

그림 11
자석벼루, 국립중앙박물관 소장, e뮤지엄에서 전재

는데, 이 기록에 의하면 보령의 남포석이 가장 뛰어나다고 극찬한 반면, 안동의 벼룻돌은 돌의 성질이 가장 나쁘다고 적고 있다.

이러한 기록들을 종합해보면, 아마도 조선시대 최고의 벼룻돌 산지는 충청도 보령의 남포 지역이었던 것은 이견이 없는 사실이었던 것으로 보인다. 남포 벼룻돌 다음의 품질은 어디냐에 대해서는 사대부들 사이에서도 이견이 존재하였던 것으로 보이는데, 아마도 안동의 자석벼루는 사용하는 이에 따라 품질에 대한 생각이 많이 갈리는 것이 아니었나 생각된다. 요즈음 유행하는 말로 '호불호가 갈릴 수 있는' 것이 바로 안동의 자석벼루[22]였던 것이다.

안동은 퇴계 이후 조선에 숱한 성리학자들을 배출한 고을이었다. 그래서 도산서원 앞에는 추로지향鄒魯之鄕이란 비석이 세워져 있는데, '추'는 맹자의 고향, '노'는 공자의 고향을 말하는 지명이다. 따라서 추로지향이란 걸출한 성리학자들을 많이 배출한 고을을 뜻한다. 추로지향을 자부하는 안동에서 독특한 벼루가 생산되는 것은 꽤나 멋스럽고 어울리는 일이다. 안동은 특산물마저 선비를 닮아있는 고장인 셈이다.

5

외교와 특산품

―전라도의 종이와 경상도의 돗자리

2024년 대한민국에서는 시장이나 마트에만 가도 세계 각지에서 생산된 물품들을 아주 싼 값에 소비할 수 있다. 소비하는 사람은 심지어 이것이 어디에서 만들어진 물건인지 알지 못하는 경우가 태반이다. 충분히 의식하고 있던 그렇지 못하던 이미 우리는 국제적인 시장 한복판에 살고 있다.

  그렇지만 조선시대만 하더라도 물건이 국경을 넘는 것은 쉬운 일이 아니었다. 물론 그때에도 국제무역이란 것이 존재하였고, 경우에 따라 중국이나 일본에서 건너온 물건을 소비하는 것은 가능한 일이었다. 그러나 이러한 물품들은 아주 귀한 고가 제품이거나, 혹은 국가에서 유통을 금하는 물품들이 대부분이었다. 물건이 국경을 넘어 유통되는 것은 아주 특이한 현상 중 하나였던 시대였다.

  이러한 시대에도 국경을 넘는 물건들이 존재하였다. 바로 조선과 중국 조정 사이에서 오가는 외교적 예물이었다. 15세기 조선은 명나라를 황제국으로 존숭하고 있었고, 두 차례 전란 이후에는 청나라를 마찬가지로 황제국으로 받들고 있었다. 이러한 중국 조정과 조선 사이에는 일 년에 몇 차례 정기적인 사행이 존재하였고, 이들 사행은 외교적 격식에 맞는 예물들을 교환하였다. 외교적인 관계가 걸려있는 만큼 이들 예물들은 상당한 격식과 품질이 필요하였다. 자연스럽게 이러한 물건을 생산할 수 있는 기술이나 환경적 요소들이 부각될 수밖에 없었다. 여기에서는 중국과의 외교에 필요한 특산품, 그중에서도 전라도의 종이와 경상도의 돗자리에 대해 살펴보고자 한다.

대중국외교의 필수품, 종이

15세기 만들어진 『세종실록지리지』 전라도 총론에는 전라도에서 바치는 부세와 공물이 기록되어 있는데, 공물 중 '각색종이'라는 항목이 등장한다. 그리고 그 각색종이 밑에 작은 주석으로 다음과 같이 기록되어 있다.

> 표전지表箋紙, 자문지咨文紙, 부본단자지副本單子紙, 주본지奏本紙, 피봉지皮封紙, 서계지書契紙, 축문지祝文紙, 표지表紙, 도련지擣鍊紙, 중폭지中幅紙, 상표지常表紙, 갑의지甲衣紙, 안지眼紙, 세화지歲畫紙, 백주지白奏紙, 화약지火藥紙, 장지狀紙, 상주지常奏紙, 유둔지油芚紙

오늘날에도 종이는 쓰임이 아주 많지만, 아무래도 종이의 가장 기본적인 용도는 무언가를 쓰고 그리는 게 아닐까 싶다. 위에 나열한 여러 종이도 대부분은 무언가를 쓰는 용도로 만들어진 종이들이었다. 표전지라고 하는 것은 황제에게 올릴 표문과 전문을 쓰는 종이이고, 자문지라고 하는 것은 예부에 보내는 자문을 쓰는 종이이며, 축문지라는 것은 축문을 쓸 때 쓰는 종이를 말한다. 대부분 중국의 황제 및 예부에 바치는 문서를 위한 종이들이었다. 오늘날에는 어떠한 문서든 대부분 규격화된 종이에 기재하지만, 당시까지는 문서에 따라 종이의 규격이나 품질이 모두 달랐다. 보통 격식이 높은 문서일수록 더 크고 두꺼운 종이가 사용되었다. 당연히 재료인 닥나무가 더 많이 소용되며, 문서의 보존 등이 용이할 수 있었다.

한편 위에서는 문서용이 아닌 것들도 존재하는데, 갑의지는 여러 겹을 겹쳐 갑옷을 만들기 위한 종이였다. 화약지는 화약의 심지로 사용하기 위한 종이로 보이고, 유둔지란 종이에 기름을 먹인 기름 종이를 말하는데, 방수 등이 필요한 곳에 사용하는 것이었다. 도련지나 세화지 등은 그림을 그리기 위한 종이로 보인다.

〈표 2〉 『경국대전』 「공전」에 제시된 도별 종이 장인 수[23]

	충청도	경상도	전라도	강원도	황해도
장인 수	130	265	237	33	39

이와 같이 종이는 대중국 외교에서 매우 중요한 물품이었고, 외교 외의 분야에서도 상당히 많은 용도로 활용되었다. 그렇다면 국가에서는 이러한 종이를 어떻게 생산하고 조달하였을까? 국가는 전국 각지의 군현마다 지장紙匠, 즉 종이 만드는 장인을 배치해 두고 해마다 공물로 종이를 바치도록 하였다. 특히 종이 장인은 충청도,

전라도, 경상도의 삼남지방에 많이 배치되었다.

〈표 2〉는 15세기 후반 만들어진 『경국대전』 규정 중에서 도 단위로 종이 장인의 수를 집계한 것이다. 위의 장인들은 각각 군현에 속해 있는 것으로, 〈표 2〉에서는 도 단위로 집계하여 제시하였다. 종이 장인은 보통 고을에 1-5명 정도가 배치되었는데, 특이하게 많은 수가 배치된 고을도 존재하였다. 경상도의 경우 밀양이 17명이었고, 전라도는 전주와 남원에 각각 23명의 장인이 배치되어 있었다. 이들 고을이 종이 생산의 중심지였다고 할 수 있다.

특히 전라도 전주와 남원의 종이는 그 품질이 매우 뛰어났는데, 앞서 언급한 『세종실록지리지』 전주부 공물 항목에는 다음과 같은 내용이 실려있다.

> 표전表箋, 주본奏本, 부본副本, 자문咨文, 서계書契 등의 종이 및 표지表紙, 도련지擣鍊紙, 백주지白奏紙, 유둔油芚, 세화歲畫, 안지眼紙인데, 도道 안에 오직 이 고을과 남원南原의 것의 품질이 좋다.[24]

내용에 따르면 전주와 남원 두 고을이 전라도 내에서 가장 품질이 좋은 종이를 생산하는 곳이었다. 후술하겠지만 위의 두 고을은 비단 전라도 내에서뿐 아니라 전국에서 가장 품질이 뛰어난 종이를 생산하는 곳이었다. 오늘날에도 전주와 남원은 한지 및 한지공예로 유명한 고을이었는데, 이미 15세기 초반부터 그러한 전통이 자리하고 있었던 것이다.

국립 한지 제작소, 조지서의 설립

이렇듯 조선 초기에는 종이를 전국 군현으로부터 공물로 거두어 외교 및 일반 국가 수요에 대응하고 있었다. 그런데 태종 즉위 이후 조정에서 저화 발행의 논의가 이루어지면서 기존보다 종이 수요가 더욱 높아진 상황을 맞이하였다. 저화란 일종의 지폐였는데, 당시 국가 재정적 필요에 따라 지폐를 발행하고 대신 쌀을 수납하여 국가의 창고를 채우기 위한 방편이었다. 이에 태종 15년 조지소란 관서를 설립하고 동시에 전국에서 바치는 종이의 공물 수량을 줄이도록 하였다.[25]

그러나 당시까지 종이 제작 기술은 전주 및 남원이 최고 수준이었고, 새로 생긴 조지소의 종이 제작 기술은 이에 미치지 못하였던 것으로 보인다. 조지소가 품질 높은 종이를 공급하기 시작한 것은 세종 대부터였는데, 아래의 기사는 그러한 내용을 상징적으로 보여준다.

> 처음 조지소造紙所를 신설할 때 모두 이르기를, '종이의 품질이 반드시 남원南原이나 전주全州에 미치지 못할 것이라.'라고 하였는데, 지금 조지소의 종이 품질이 대단히 좋아서

도리어 남원·전주의 종이를 쓰지 않고 있습니다.[26]

위의 기록에서 보듯이 세종대 최고 품질의 종이를 생산하는 곳은 전주와 남원이었다. 신설된 조지소는 처음에는 종이 품질에 대한 우려가 있었으나, 곧 전주, 남원에 상응하는 제지 기술을 가지게 되었던 것이었다. 이에 따라 조지소는 국립 종이 제작소로 유지되었고, 세조 대에는 조지서造紙署로 관서 이름을 바꾸어 조선의 국운이 다할 때까지 존속하였다.

이렇듯 국가에서 특정 물품을 집중적으로 생산할 시설을 갖춘 경우를 앞의 광주 도자기에서도 잠깐 언급하였다. 그런데 종이의 경우는 도자기와 달리 국가의 수요가 훨씬 많았고, 때문에 조지서가 설립, 운영된 이후에도 종이 공납 자체는 사라지지 않았다. 이에 따라 전주와 남원 역시 종이 품질의 전국적인 명성을 조선 후기까지 줄곧 유지할 수 있었다.

종이 못지않은 중요 진헌품, 자리席

사신들이 외교문서를 지참하고 중국에 방문할 때, 문서뿐 아니라 각종 예물을 지참한다. 이를 보통 방물方物이라고 지칭하는데, 보통 그 나라에서 생산되는 특산이라 할 만한 물건들이 주를 이룬다. 우리나라에서 중국으로 가져가는 방물은 여러 종류가 있는데 주로 비단, 저포, 마포 등의 직물류가 주를 이루고 인삼, 오미자 같은 약재, 그리고 말 등이 있었다. 그리고 이와 더불어 중요한 방물 중 하나가 '자리'라고 부르는 깔개였다.

오늘날에는 자리보다 '돗자리'라는 명칭이 일반인들에게 더욱 친숙한 명칭인데, 돗자리의 '돗'은 대나무를 뜻하는 것으로 '대나무로 만든 자리'란 뜻이다. 물론 명칭은 돗자리이지만, 요즘은 대나무로 만든 돗자리는 거의 보기 어렵고 대부분 플라스틱 소재로 만들어 야외에서 깔고 앉는 용도로 사용하고 있다.

조선시대 자리는 우리가 생각하는 돗자리보다 용도가 훨씬 다양하였다. 또 단순히 깔고 앉는 데 그치는 것이 아니라 다양한 무늬와 문양을 넣어 제작하였다. 때문에 자리 하나를 만드는 데에도 시간이 많이 필요하였고, 특별한 기술을 가진 장인의 손에 의해서 생산되는 경우가 일반적이었다. 조선 내부에서 사용하는 용도가 아니라 중국에 방물로 바칠 용도라면 더욱더 세심한 기술이 요구되기도 하였다.

그렇다면 이러한 자리는 어디서 누가 어떻게 생산하였을까. 자리 역시 종이와 마찬가지로 지역에 배치되었던 장인들의 손에 의해 만들어지고, 이를 각 군현에서 서울에 공물로 납부하였다. 특히 자리는 충청도, 전라도, 경상도 이 세 지역에서만 생산이 가능하였는데, 자리의 원료가 되는 왕골대나무가 이 지역에서 주로 서식하였기 때문이었다.

〈표 3〉 『경국대전』 「공전」에 제시된 도별 자리 장인 수[27]

	충청도	경상도	전라도
장인 수	58	272	58

〈표 3〉에서 보듯이 자리를 만드는 지역 중에서도 경상도 지역이 월등히 많은 장인의 수를 보유하고 있었다. 이에 대해서 『세종실록지리지』 경상도 총론의 공물 항목에는 다음과 같이 기록되어 있다.

중국에 바치는 황화석黃花席·채화석彩花席·만화침석滿花寢席·만화석滿花席·염석簾席·방석方席 등이 있고, 타도에는 없다.

또 나라에서 쓰는 만화 각색석滿花各色席·별문상석別文上席·답

석踏席·상문답석常文踏席·백문석白文席·초석草席 등이 있다.[28]

위에 나오는 여러 자리 이름들은 무늬나 문양에 따라 이름이 다른 것으로 보이는데, 황화석이나 채화석 등은 중국에 바치기 위한 용도로 만드는 것이었으며 오직 경상도에서만 생산되었던 것이다. 그 외에도 우리나라 조정에 바치기 위한 자리도 종류가 다양하였는데, 역시 경상도 지역의 생산품이 품질이 좋았던 것으로 보인다.

위에 나오는 여러 자리 이름들은 무늬나 문양에 따라 이름이 다른 것으로 보이는데, 황화석이나 채화석 등은 중국에 바치기 위한 용도로 만드는 것이었으며 오직 경상도에서만 생산되었던 것이다. 그 외에도 우리나라 조정에 바치기 위한 자리도 종류가 다양하였는데, 역시 경상도 지역의 생산품이 품질이 좋았던 것으로 보인다.

경상도 각 군현의 공물 항목에도 자리가 자주 등장하는데, 경상도 상주목, 함창현, 용궁현의 자리에는 '진헌으로 바친다又共進獻.'라는 주석이 붙어 있어 이 지역에서 생산된 자리가 명나라에 방물로 올라간다는 것을 알 수 있다. 경상도 군현에 배치된 자리 장인의 수를 군현 별로 보면 안동이 40명, 상주가 33명, 성주와 영천, 선산, 예천이 각 20명, 풍기가 14명, 용궁이 12명으로 타 군현에 비하여 압도적으로 많은 수를 보이고 있다. 안동과 상주를 중심으로 한

낙동강 상류의 경북 산간지방이 자리 생산의 중심지였다는 것을 확인할 수 있다.

  종이와 달리 자리는 국가에서 별도의 생산시설을 만들지 않았고, 조선 후기까지 주로 공물의 형태로 지방에서 수납되었다. 그리하여 조선시대 내내 경상도 지역의 자리는 전국적인 명성을 이어갈 수 있었다. 『임원경제지』에 따르면 자리는 경상도 북부 지역 외에도 황해도의 배천이나 연안 지역에서도 좋은 품질이 생산되었던 것으로 보이며, 경기도 교동현도 이에 못지않은 품질이었던 것 같다. 일반인들에게 유명한 강화 화문석은 아마 이보다도 후대에 널리 명성을 얻게 된 것으로 보인다.

6

조선의
과일 특산물

오늘날에도 지역의 특산물 중 많은 비중을 차지하는 것이 바로 과일이다. 엄밀한 의미에서 과일은 나무에서 나는 열매, 즉 과실果實을 지칭하지만, 사회적으로는 단맛이 나는 열매채소까지를 통칭하여 과일이라고 부른다. 지금은 가까운 시장이나 마트에만 가도 각 지역의 이름을 딴 사과, 배, 감에서부터 해외에서 수입된 열대과일까지 손쉽게 구매가 가능하지만 조선시대만 해도 과일은 지금보다 훨씬 귀한 것이었다.

　이 귀한 과일을 조선시대에는 공물로 수취하였고, 그 양도 적지 않았던 것으로 보인다. 그런데 드는 의문 하나. 임금이나 왕실 구성원이 맛보기 위한 과일의 양이 그렇게 많았던 것일까? 공물로 설정해서 많은 양을 거두어야 할 만큼 임금이나 왕실 사람들은 과일을 많이 먹었을까 하는 점이다.

　조선시대 과일을 공물로 수취한 이유 중 하나는 바로 제수용품이나 연회용 물품으로 사용하기 위한 것이었다. 조선은 나라에서 지내는 제사의 종류만 해도 수십여 종에 달하였고, 종묘나 사직 등에 지내는 제사는 계절에 한 번씩 제향을 거행하였다. 제사 외에 명나라로부터, 또는 여진이나 일본으로부터 오는 사신 접대에는 항상 연회가 동반되었다. 왕실의 여러 경사, 조정의 경사에도 연회가 수시로 개최되었다. 이처럼 제사와 연회가 수시로 열렸고, 거기에 상당한 양의 과일이 필요하였다. 백성들이 공물로 바치는 과일은 이런 제사나 연회에 소용되는 것이었다.

과일 수요가 많았기에 국가에서는 상림원(후에 장원서로 개칭), 내농포 등의 관서를 설치하고 직접 과수를 생산, 관리하게 하기도 하였다. 아울러 지방에 여러 종류의 과일을 공물로 배정할 때에도 민간에서 직접 거두지 않도록 하고, 지방관아마다 과수원을 설치하여 관노비로 하여금 경작, 수확, 상납하게 제도화하였다. 그러나 이러한 제도에도 불구하고 상당한 고을에서는 백성들이 경작한 과일을 거두어 공물에 충당하는 폐단이 상시적으로 일어났다.

그럼 조선시대 과일 중 특산물이라 할 수 있는 것은 어떠한 것들이 있는지 살펴보자.

가장 대중적인 과일, 배

본격적인 이야기에 앞서 궁금한 것은, 조선시대 사람들이 가장 많이 생산하고 소비하는 과일은 어떤 것이었을까? 오늘날의 경우 대한민국 사람들이 가장 많이 소비하는 과일은 사과라고 한다. 2018년 한국농촌경제연구원에서 조사한 식품소비행태조사 통계 보고서에 의하면 한국인이 좋아하는 과일 1순위는 사과로 전체 25.3%를 차지했다. 이후 수박(16.8%), 포도(9.4%), 귤(9.3%), 복숭아(6.7%), 배(6.3%) 등이 뒤를 이었다.

반면 조선시대의 경우는 오늘날과 사뭇 다른 양상이었다. 사과를 재배한 기록은 신라시대부터 존재하지만, 민간에서 활발히 소비된 것으로 보이는 기록은 크게 보이지 않고 무엇보다 국가의 공물로 수취 되지도 않았던 것으로 보인다. 조선시대 재배 지역이나 공물 수취의 양상으로 본다면 가장 인기 있는 과일은 배와 감이었다. 배는 감과 함께 제사 및 연회에 빠지지 않는 과일이기도 하였는데, 그래서 제사상에 올리는 과일을 통칭하여 '조율이시棗栗梨柿(대추, 밤, 배, 감)'라고 부르기도 하였다.

배의 경우 전국적으로 재배하고 이를 공물로 상납하였던 것으로 보인다. 15세기 지리지인 『세종실록지리지』에서 배를 생산하거나 공물로 바쳐야 하는 고을의 수를 도 단위로 살펴보면 아래의 표와 같다.

〈표 4〉『세종실록지리지』상 배를 생산, 납부하는 고을 수

	경기	충청도	경상도	전라도	황해도	강원도	평안도	함경도
고을 수	1	15	14	17	2	20	34	2
전체 고을 수	41	55	66	56	24	24	47	22

위에서 보듯이 조선시대 배 생산이 가장 활발했던 지역은 강원도와 평안도였다. 고을 수에서 평안도가 많지만, 도에 소속된 전체 고을 수(강원도 24개 군현, 평안도 47개 군현) 중 배를 생산하는 고을 비중을 따져보면 강원도와 평안도가 비슷한 수를 보이고 있다. 경상도, 전라도, 충청도는 15개 내외 생산지를 보이는데, 이들 고을은 전체 군현 수 대비로 보면 약 1/3내지 1/4 정도 수준을 보이고 있다. 경상도 지역의 경우 대부분 낙동강 연안의 내륙 지역이 배 생산이 활발했던 것으로 보인다. 아울러 오늘날 배의 산지로 유명한 나주, 천안 등도 이 시대에 이미 배 산지였던 것으로 확인된다.

그렇다면 여러 지역에서 생산된 배들 중 특별히 유명한 것이 있었을까? 17세기 지식인인 허균이 쓴 『성소부부고』의 「도문대작屠門大嚼」이란 글에는 전국적으로 유명했던 배 몇 가지를 소개하고 있는데, 내용은 다음과 같다.

하늘 배天賜梨: 성화成化 연간에 강릉에 사는 진사進士 김영金瑛의 집에 갑자기 배나무 한 그루가 돋아났는데 열매가 사발만 하였다. 지금은 많이 퍼졌는데 맛이 달고 연하다.

금색배金色梨: 정선군旌善郡에 많다.

검은배玄梨: 평안도平安道의 산 고을에 있다. 검푸른 색인데 물이 많고 꿀맛이다.

붉은배紅梨: 석왕사釋王寺에서 난다. 붉고 큰데 맛이 산뜻하다.

대숙배大熟梨: 속칭 부리腐梨라고 한다. 산중에 많은데 곡산谷山과 이천伊川의 것이 매우 크고 맛도 제일이다.[29]

강릉에서 생산되는 하늘배는 기원 자체가 매우 재미있다. 갑자기 배나무 한 그루가 돋아났는데 열매가 다른 배들보다 컸다 한다. 다만 도무지 그 기원을 알 수 없어 '하늘이 내린 배'라고 불렀던 것이다. 이 하늘배와 관련된 기록은 16세기 후반부터 17세기 초반까지 활동했던 유몽인柳夢寅의 문집 『어우집於于集』에도 나와 있는 것으로 보아,[30] 아마 조선 전기 무렵부터 강릉 지역에 해당 품종의 배가 유통되었던 것 같다.

아울러 강원도의 정선군에는 금색배, 평안도 산간 지역에서는 검은색 배가 나고 모두 전국적으로 품질을 인정받았다. 대숙배는 부리라고도 부른다는데, 숙熟자가 '익다'라는 뜻이고 부腐자는 '부패하다, 썩다'란 뜻인 것으로 추측해 보건대 '많이 익어서 마치 부패한 듯한 배'란 의미인 듯하다. 오늘날 복숭아가 많이 익었을 때의 느낌과 비슷한 것이 아닐까 생각되는데, 역시 강원도의 이천(현재 경기도 이천과는 다른 고을)과 황해도의 곡산에서 생산되었다고 한다.

또 석왕사란 절에서는 나는 배는 붉은 배로 유명하였는데, 석왕사는 함경도 안변도호부에 위치한 사찰로, 조선을 개창한 태조 이성계와 인연이 깊은 절이었다. 여기에 배나무를 심은 것도 이성계였다는 전설이 내려오는데, 석왕사 배는 이미 16세기부터 전국적으로 명성을 가졌던 것으로 보이는데, 『신증동국여지승람』에는 안변도호부의 토산품으로 배를 소개하면서 '석왕사釋王寺에서 나므로 세칭 석왕배釋王梨라 한다.'[31]란 주기를 달아두고 있다.

이처럼 배는 조선시대 가장 사랑받는 과일이면서, 동시에 나라에서 쓰임도 많은 과일이었다. 대부분 계량된 품종으로 매우 단 맛 과일이 넘쳐나는 오늘과 달리, 지역마다 맛과 생김이 다른 과일을 맛볼 수 있는 것도 색다른 재미가 아니었을까?

배와 쌍벽을 이루는 대중적 과일, 감

조선시대 배 못지않게 많이 생산되고, 국가의 수요도 높았던 또 하나의 과일이 바로 감이었다. 배와 마찬가지로 제사나 연회에 빠지지 않고 등장하였고, 민간에서 지내는 가정집의 제사에서도 감은 빼놓을 수 없는 제수용품이었다.

독자들도 모두 알다시피 감은 익은 정도에 따라 단감, 홍시 등으로 구분되고, 홍시를 말려서 건조한 곶감도 존재한다. 조선시대 기록에는 홍시紅柿와 곶감 정도가 등장하는데, 곶감은 한자로 건시乾柿라고 표현하였다. 곶감이란 말 자체가 '꿰어놓은[串] 감'이란 의미이고 감을 꿰는 것은 건조하기 위해서이므로, 사실상 건시와 곶감은 같은 말이라고 볼 수 있다. 홍시, 건시 등을 막론하고 15세기 감을 생산하거나 공물로 납부하는 고을은 〈표 5〉와 같다.

〈표 5〉 『세종실록지리지』 상 감을 생산, 납부하는 고을 수

	경기	충청도	경상도	전라도	황해도	강원도
고을 수	2	13	14	21	1	7
전체 고을 수	41	55	66	56	24	24

〈표 5〉에서 보듯이 감은 배보다는 생산되는 고을이 남쪽 지역이

었다. 이 중 전라도 지역이 가장 많은 고을에서 감을 생산하였고, 경상도와 충청도 지역에서도 열 개 고을 이상에서 감이 생산되고 있었다. 배와 마찬가지로 경기는 감 생산에서도 아주 제한된 지역만 재배가 가능했던 것으로 보이고, 황해도의 경우 유일하게 옹진현에서만 감이 재배되었다.

그렇다면 이들 여러 고을의 감들 중에서 조선시대 가장 유명했던 감 산지는 어디였을까. 역시 허균이 쓴 『성소부부고』를 참조해 보자.

> 조홍시早紅柹: 온양溫陽에서 나는 것이 붉고 달고 물기가 많다.
> 그밖에는 모두 이만 못하다.
> 각시角柹: 남양南陽에서 나는 것이 가장 좋다.
> 오시烏柹(먹감): 지리산智異山에서 난다. 검푸른 색에 둥글고 끝이 뾰족하다. 맛은 그런대로 좋으나 물기가 적다. 꼬챙이에 꿰어 말려 곶감으로 만들어 먹으면 더욱 좋다.[32]

조홍시의 '조'는 이르다, 빠르다는 뜻이므로 아마도 조홍시는 다른 품종보다 일찍 성숙하는 종류의 감인 듯하다. 이 조홍시는 종묘의 천신 물품이기도 하였다. 천신이란 각 계절마다 생산되는 물품을 종묘에 올리며 지내는 제사를 말하는데, 매달마다 물품이 정해져 있었다. 조홍시는 8월의 천신 물품 중 하나였다. 앞서 살핀 배도 크고 좋은 것을 천신하였는데, 배의 경우는 7월에 천신하는 품목이었다.[33] 조홍시는 당시 감 중에서도 품질이 뛰어난 것이었다. 16~17세기를 살았던 노계 박인로란 사람은 한음 이덕형과 만난 자리에서 〈조홍시가〉란 시를 짓기도 하였다. 이 조홍시로 유명한 곳이 바로 충청도의 온양이었다.

각시란 것은 무얼 지칭하는 정확하지 않다. 다만 현재 우리가 시장에서 볼 수 있는 감 중에는 네모난 모양의 감들이 많은데, 아마 비슷한 품종의 감을 말하는 게 아닐까 추론해 본다. 이 감의 경우는 경기도 남양에서 나는 게 가장 좋다고 하였다. 그런데, 앞서 『세종실록지리지』의 감 산지에는 경기 남양도호부가 들어있지 않다. 반면 16세기 『신증동국여지승람』에는 남양도호부의 특산으로 감이 기록되어 있는데, 주석으로 '국원國苑에서 난다.'라고 표기되어 있다. 국원이란 필자가 앞에서 설명하였듯이, 지역의 공물을 바치기 위해 관아에서 설치한 과수원을 지칭한다.

이러한 점을 고려해 보면 남양의 각시의 경우, 본래 민간에서 활발히 재배하던 품목이라기보다는 남양 관아에서 공물 납부를 위해 재배한 품종이었다고 볼 수 있다. 시간이 지나면서 독특한 품질로 전국적인 명성을 얻은 것이라 추론해 볼 수 있다. 실제로 18세기 편찬된 『여지도서』에는 남양 지역의 물산 중 하나로 감을 기록해 두고 있다.

오시는 검푸른 빛깔이어서 붙은 이름으로, 둥근 모양에 끝이 뾰족하다. 아마 오늘날 우리가 시장이나 마트에서 만날 수 있는 대봉감의 모양과 비슷하지 않을까 생각한다. 이 감은 지리산 일대에서 많이 난다고 하는데, 특히 곶감으로 만들어 먹으면 맛이 좋다고 한다. 현재에도 지리산 일대의 고을들에서 곶감을 많이 생산하여 판매하고 있는 것과 유사한 것으로 생각된다.

밤과 대추

배와 감과 함께 조선에서 가장 주요한 과일은 밤과 대추였다. 밤과 대추는 단순히 과일 의미 외에도 부정한 것을 막고 복을 불러오는 주술적인 의미도 가지고 있었다. 오늘날에도 서양식 결혼식을 마치면 폐백을 진행하는데, 이때 신혼부부가 신랑 부모님께 절을 올리면 부모님들은 신부의 치마폭에 밤과 대추를 던져주는 풍습이 남아있다. 이때 밤과 대추는 많은 자식을 의미하는 것이다. 또 벼락 맞은 대추나무에는 액운을 막는 힘이 있어, 이를 가지고 장신구를 만들기도 하는데, 최근에도 이러한 것을 여행 기념품으로 판매하기도 한다.

밤과 대추도 배나 감과 마찬가지로 국가의 각종 제사나 연회에

그림 12
밤나무, 국립생물자원관에서 전재

그림 13
대추, 국립생물자원관에서 전재

사용되며, 종묘의 천신 물품이기도 하였다. 밤과 대추는 홍시와 함께 8월에 올리는 천신 물품 중 하나였다.[34] 오늘날 제사를 지내는 집이나 명절 상을 차리는 집에서도 아마 빠지지 않고 밤과 대추를 상에 올리는 것을 확인할 수 있다.

그렇다면 이러한 밤과 대추는 어느 지역에서 많이 생산되었을까. 마찬가지로 『세종실록지리지』에 밤과 대추 산지를 도 단위로 표기해 보면 〈표 6〉과 같다.

〈표 6〉 『세종실록지리지』 상 밤과 대추를 생산, 납부하는 고을 수

	경기	충청도	경상도	전라도	강원도	황해도	평안도	함경도
밤	1	2	1	7	24	0	30	0
대추	5	37	10	25	2	6	2	0
전체 고을 수	41	55	66	56	24	24	47	22

〈표 6〉에서 보듯이 밤의 생산은 강원도, 평안도 지역이 중심지였고, 반대로 대추는 충청도와 전라도 지역에서 활발히 생산되었다. 다만 〈표 6〉에서 의아한 것은 충청, 경상, 전라도 지역의 밤 생산지가 매우 적다는 점인데, 아마도 생산되는 지역임에도 불구하고 주요한 공물 물품이 아니어서 기록에서 누락되었을 가능성도 높아 보인다. 이러한 추측이 가능한 이유는 경상, 전라, 충청 지역에 밤율栗

자가 들어가는 지명이 매우 많이 존재하기 때문이다. 따라서 밤의 생산지는 실제보다 축소되어 『세종실록지리지』에 기재되었을 가능성이 높다고 보인다.

그럼 밤과 대추는 어느 지역의 품질이 우수하였을까. 이 역시 허균의 이야기를 들어보자.

> 밤栗: 상주尙州에서 나는 밤은 작은데 껍질이 저절로 벗겨져 속칭 겉밤이라고 한다. 그 다음은 밀양密陽에서 나는 밤이 크고 맛이 가장 좋고, 지리산에서도 주먹만 한 큰 밤이 난다고 한다.
>
> 대추大棗: 보은報恩에서 나는 것이 가장 좋다. 크고 씨가 적다. 붉고 물기가 많아 달다. 그밖에는 모두 이만 못하다.[35]

우선 상주에서 나는 밤은 껍질이 저절로 벗겨지는 특징이 있다고 한다. 특기할 만한 것으로는 앞서 〈표 6〉에서 제시한 경상도의 밤 산지에는 상주가 포함되어 있지 않다는 것이다. 그러나 16세기 문헌인 『신증동국여지승람』의 상주목에는 밤이 토산물로 기록되어 있어, 앞서 필자가 주장한대로 『세종실록지리지』의 밤 산지는 다소 축소되어 있다는 추론을 뒷받침하고 있다. 한편 밀양의 경우도 『세종실록지리지』에는 누락되어 있으나 『신증동국여지승람』의 밀양 도호부에는 밤이 특산물로 기재되어 있다. 특히 주석으로 '앞 교외에 밤나무 숲이 있어 몇 리에 가득 찼는데, 해마다 수확이 매우 많고 그 품질 또한 좋아서 세상에서 밀율密栗이라고 부른다.'란 내용을 기록해 두고 있다. 역시 16세기 무렵부터는 밀양의 밤이 유명세를 탔던 것으로 보인다.

대추의 경우 보은이 가장 유명한 산지였던 것으로 보인다. 『세종실록지리지』에도 보은이 산지로 기록되어 있으며, 18세기 지리지인 『여지도서』에서도 대추를 보은의 물산으로 기록하고 있다. 조선 후기 실학자인 정약용도 그의 저서인 『경세유표』에서 보은의 대추를 우수한 품질을 가진 것으로 보고, 백성들이 널리 심게 권장해야 한다고 주장하였다.[36]

이상에서처럼 조선시대 과일, 그중에서도 가장 대중적인 과일이라 할 수 있는 배, 감, 밤, 대추가 유명한 지역을 살펴보았다. 그런데 조선시대 과일 중 또 하나 빼놓을 수 없는 것이 있는데, 바로 귤이었다. 귤에 대해서는 제주의 특산품을 한데 모아 이야기할 때 다시 살펴보기로 하자.

7

특산물의 보고, 제주도

섬은 바다로 둘러싸여 육지와 떨어져 있는 특성으로 독특한 동식물 서식이 이루어지는 경우가 많았다. 조선시대에도 마찬가지여서 섬 지역은 특산품이 많은 지역 중 하나였다. 특히 섬 지역의 경우는 시간이 흘러도 특산품이 그대로 유지되는 경향이 컸다. 이번 장에서는 우리나라에서 가장 큰 섬이라 할 수 있는 제주의 특산품에 대해 살펴보자.

그림 14
《해동지도》,〈제주삼현도〉, 서울대학교 규장각한국학연구원 소장

앞의 장들에서도 여러 번 언급하였듯이, 조선시대 지리지들은 군현마다 생산되는 물건, 혹은 공물이나 진상물로 납부하는 물건 등을 기록해 두었다. 고을마다 기록의 편차가 있는 것을 감안한다 해도 고을 항목에 가장 많은 물품을 기록한 지역이 아마도 물산이 가장 다양하고 풍부한 지역, 그리고 그로 인하여 국가에 가장 다양한 공물과 진상물을 바치는 지역일 것이다. 그렇다면 조선시대 전국 350여 개에 달하는 군현 중 가장 많은 물산을 기록하고 있는 지역은 어디일까? 바로 이 장에서 살펴볼 제주 지역이었다.

〈표 7〉 조선 전기 지리지의 제주목 물산

『세종실록지리지』 제주목의 물산
토의土宜: 밭벼山稻, 기장, 피, 콩, 메밀, 밀, 보리
토공土貢: 대모玳瑁, 표고, 우무牛毛, 비자, 감자柑子, 유자, 유감乳柑, 동정귤洞庭橘, 금귤金橘, 청귤靑橘, 돌귤山橘, 전복, 인포引鮑, 퇴포槌鮑, 조포條鮑, 오징어, 옥두어玉頭魚, 곤포昆布, 돌유자나무山柚子木, 이년목二年木, 비자나무榧子木, 좋은 말良馬
약재藥材: 진피陳皮, 마뿌리山藥, 석골풀石蘚, 초골풀草蘚, 소태나무열매川練子, 구리대뿌리白芷, 팔각八角, 영릉향零陵香, 오배자五倍子, 치자, 향부자香附子, 모과, 묏미나리柴胡, 푸른귤껍질靑皮, 백변두白扁頭, 바곳草烏頭, 엄나무껍질海東皮, 후박厚朴, 오징어뼈, 두충杜沖, 순비기나무열매蔓荊子, 석결명石決明, 끼무릇뿌리半夏, 누른국화黃菊, 녹용, 박상舶上, 회향茴香, 탱자껍데기枳殼[37]

> ### 『신증동국여지승람』 제주목의 토산
>
> 토산土産: 산도山稻, 기장, 피, 조, 콩, 팥, 메밀, 보리, 밀, 말, 소, 궤자樻子, 미록麋鹿, 해달海獺, 지달地獺, 환웅, 진주蠙珠, 대모玳瑁, 자개貝, 앵무라鸚鵡螺, 감귤柑, 귤橘, 유자柚, 비자榧子, 치자梔子, 밤, 무환자無患子, 무회목無灰木, 산유자, 이년목二年木, 노목櫨木, 두충杜冲, 지각枳殼, 후박厚朴, 동실棟實, 동근棟根, 영릉향零陵香, 안식향, 향부자香附子, 청피靑皮, 해동피海東皮, 촉초蜀椒, 진피陳皮, 필징가蓽澄茄, 팔각八角, 표고버섯, 목의木衣, 석곡石斛, 석종유石鐘乳, 백납白蠟, 소금, 미역, 우뭇가사리, 게, 소라, 전복, 석결명石決明, 황합黃蛤, 해의海衣, 오징어, 은어銀口魚, 옥두어玉頭魚, 상어, 갈치, 고등어, 행어行魚, 문어[38]

위에서 보는 것처럼 제주 지역은 여타 지역에 비하여 압도적으로 많은 물산이 기재되어 있었다. 현무암질 토양의 특성으로 인하여 일반적인 벼가 아니라 산벼를 재배하였고, 수산물과 과일 역시 육지 지역과는 다른 물품들이 많이 기재되어 있었다. 바다에서 나는 물품뿐 아니라 임산물과 약재 종류도 여타 지역에서는 볼 수 없는 것들이 많았다. 위에 기재된 물품들 중 일부는 오늘날에도 정확히 무엇을 지칭하는지 의미가 불분명한 것들도 혼재되어 있다.

귤, 조선 최고의 사치스런 과일

제주도의 숱한 특산품 중에서도 오늘날 사람들에게도 가장 친숙한 것은 아마도 귤일 것이다. 오늘날에는 겨울철이면 시장이나 마트에서 저렴한 가격으로 구입하는 것이 가능한데, 일반적인 감귤 외에도 한라봉을 비롯한 품종 개량을 통해 생산하는 비싼 고급 귤들도 상당수이다. 한라봉과 같은 고급 품종이든, 아니면 일반적인 감귤이든 현대 한국 사람들에게 귤의 고향은 확연히 '제주도'이다.

그런데 전통시대 귤은 매우 귀한 과일이었다. 비단 우리나라뿐 아니라 중국에서도 그러했던 것 같다. 삼국시대 오나라의 학자이자 관료였던 육적은 어려서부터 신동으로 소문이 났는데, 당시 그 지역을 다스리던 원술이 그 명성을 듣고 육적을 불러 이야기를 나누었다. 그 자리에 다과로 귤이 나왔는데, 육적은 그 귤을 먹지 않고 어머니에게 가져다주기 위해 몰래 품 안에 넣었다가, 하직 인사를 하는 과정에서 그만 귤이 밖으로 떨어져 버렸다는 것이다. 이를 본 원술이 '육랑이 왜 귤을 품었는가?'라고 물었고, 육적은 어머니에게 가져다드리고 싶어 그랬다고 대답하였다. 이 말을 들은 원술은 그 효성을 매우 기특하게 여겼다고 한다. 이것이 '육적회귤' 혹은 '육랑회귤'이라고 하는 고사인데, 여기서 알 수 있듯이 중국에서도 귤은 효성 깊은 아들이 보면 어머니에게 가져다드리고 싶은 무척 귀한 것이었음을 알 수 있다.

  조선시대 역시 귤은 매우 귀한 물건이어서, 국왕에게 진상될 뿐 아니라 종묘의 천신 물품이기도 하였다. 『종묘의궤』에 의하면 귤은 10월과 12월에 종묘에 천신 되는 물품이었다. 또 중국의 황제가 조선에서 온 세자나 사신 등에게 하사해 주거나, 조선에서 중국 사신들을 대접하는 물품이기도 했다.[39] 일본의 다이묘가 조선에 사신을

그림 15
〈귤도〉, 국립전주박물관 소장, e뮤지엄에서 전재

보낼 때 예물로 보내는 경우도 있었다.⁴⁰

이렇게 귀한 귤이 제주도로부터 진상으로 서울에 도착하면, 가장 먼저 도착한 귤은 천신에 충당하고 이후에는 성균관이나 사학에 하사하기도 하였다. 이때 성균관과 사학에 공부하고 있는 유생들을 대상으로 제술 시험을 치기도 하였는데, 이를 황감제黃柑製라고 부르기도 하였다. 황감제에서 장원을 차지하면 보통 직부전시直赴殿試의 특전이 있었는데, 전시란 시험은 과거의 가장 최종 관문으로, 합격한 사람들을 대상으로 석차를 매기는 시험이었다. 즉, 황감제에서 장원을 한다는 것은 과거 시험을 통과한 것과 같은 의미였다. 따라서 제주에서 감귤이 올라올 때쯤엔 황감제에 응시하려고 성균관과 사학에 열심히 출석하는 유생들도 많았다.

그런데 조선시대에도 귤은 품종이 다양했던 것으로 보인다. 우선 감柑과 귤橘은 종류가 다른 것을 말하는 것으로 보인다. 오늘날에는 감귤柑橘로 명칭하는 경우가 많은데, 조선시대 기록이나 지리지 등에는 감柑과 귤橘이 별도의 품목으로 언급되어 있다. 아울러 귤도 종류가 다양하였는데, 『신증동국여지승람』에서는 보통 아래와 같이 구분하였다.

감柑: 황감黃柑, 유감乳柑 등 몇몇 종류가 있다.

> 귤橘: 금귤金橘, 산귤山橘, 동정귤洞庭橘, 왜귤倭橘, 청귤青橘의 다섯 종류가 있는데 청귤은 열매를 맺어 봄이 되어서야 익고 때가 지나면 다시 말랐다가 때가 이르면 다시 익는다.[41]

위에서 보는 것처럼 감柑과 귤橘은 비슷하지만 별도의 품목으로 구분되었고, 각각 세부적으로 다른 품종들이 존재하였다. 『조선왕조실록』에서는 조선시대 귤을 종류별로 구분하고 그 품질에 등급을 매긴 내용이 기록되어 있다.

> 여러 과실 중에서 금귤金橘과 유감乳柑과 동정귤洞庭橘이 상품이고, 감자柑子와 청귤青橘이 다음이며, 유자柚子와 산귤山橘이 그다음이다.[42]

위의 기사에서 보듯이 금귤, 동정귤, 유감 등이 가장 당도가 좋은 고품질이었던 것으로 보인다. 그래서 종묘에 천신할 때에도 10월에는 감자와 금귤, 유자가를 12월에는 동정귤과 유감을 천신하였다.

귤이 귀한 과일이었던 만큼 나라에서는 이 귤을 재배하고 진상하는 것에 각별한 주의를 기울였다. 제주에서는 해마다 귤나무의 그루 수를 관아에 보고하였고, 관아에서 직접 귤나무를 재식하여 진 상하도록 하였다. 또 씨를 받는 것부터 수확할 때까지 절차를 엄격 하게 준수하도록 하기도 하였다.

그러나 국가에서 세심한 관리를 한다 해도 결국 귤이 집중적으로 생산되는 제주 지역의 백성들은 귤 진상에 상당한 부담을 질 수밖에 없었다. 관아의 귤로 진상을 채우지 못하는 경우 민가의 귤을 거두는 일이 빈번하였다. 귤이 어느 정도 익었을 때 수확량을 미리 예측하는데, 이후에 수확량에 미치지 못한 경우 이를 보충해야 하는 것도 백성들의 몫이었다. 제주의 감귤은 지역의 특산이기도 했지만, 반대로 제주민들에게는 가장 애증의 대상이기도 하였던 것이다.

지금은 귀해진 제주도의 바다거북, 대모

앞서 제주도의 특산을 열거한 표에서 오늘날 사람들이 가장 특이하게 느낄만한 특산물은 아마도 대모玳瑁일 듯싶다. 대모라는 말 자체가 생소한데, 대모는 오늘날 분류로 바다거북과에 속하는 동물이었다. 주로 태평양, 인도양, 대서양의 열대 바다에 서식한다고 하는데, 오늘날 분류로는 제주 일대는 그 서식지는 아니라고 한다. 다만 중국 등지에서 대모라고 부르는 것과 유사한 것을 조선에서는 같은 명칭으로 불렀을 가능성이 크고, 또 당시 해양생태계가 오늘날과 차이가 있을 수 있다는 점 등을 고려하면 조선시대 제주의 특산물로 기록되어 있다고 해도 크게 이상할 것은 없다.

이 대모라는 바다거북은 크게 두 가지 쓰임이 있는데 하나는 장식품의 용도였다. 투명한 노란 호박색에 불규칙한 어두운 갈색 무늬를 가진 등딱지가 주로 수공예품의 원료로 사용되었다. 또 나전칠기 등을 제작할 때 원료로 활용되기도 하였다. 대모를 이용한 수공예는 조선뿐 아니라 중국에서도 많이 이루어졌던 것으로 보이는데, 당나라 시대 공예품에서도 대모를 활용한 작품들이 많이 전하고 있다. 다만 조선시대에도 대모 자체가 매우 귀한 것이어서, 흔한 수공예품은 아니었던 것으로 보인다.

또 하나 대모의 쓰임은 약재였다. 우리가 잘 아는 『동의보감』에는 대모가 '성질이 차고 독이 없으며, 백약의 독을 풀고 배 안에 있는 독충을 물리치는 데 효과가 있다.'라고 되어 있다. 또 날것 그대로 취식하는 것이 약으로 좋다는 내용도 함께 전하고 있다.

오늘날에도 제주도에 몇 종의 바다거북이 서식하는 것으로 알려져 있지만, 대부분 개체 수가 매우 적어 멸종 위기 종이다. 500년 전 제주도에는 많은 바다거북이 서식하고 있었고, 조정에도 진상되는 특산품으로 유통되고 있었던 것이다.

제주의 대표 생선, 옥돔

오늘날 제주를 방문하는 여행객들이 가장 많이 찾는 제주의 특산 생산은 대부분 갈치, 고등어, 그리고 옥돔을 들 수 있다. 앞서 〈표 7〉의 『신증동국여지승람』에 의하면 이 세 어종이 모두 제주도의 토산으로 기록되어 있어 적어도 16세기부터는 이 세 어종이 제주의 토산이었다는 점을 알 수 있다. 다만 15세기 기록은 『세종실록지리지』에는 옥두어玉頭魚 한 어종만이 기록되어 있는데, 이것이 오늘날 옥돔이라 부르는 생선이다. 기록의 차이가 발생한 이유를 추론해 보면 갈치나 고등어는 제주의 토산으로 정착한 것이 15세기 후반 무렵이었을 수도 있고, 혹은 『세종실록지리지』 작성 당시에도 갈치나 고등어가 잡히고 있었으나 서울로 진상 또는 공물로 올라가는 생선은 옥돔 한 종류이기 때문에 위와 같이 기록되었을 수도 있다. 아무튼 이 기록들을 종합해서 제주의 대표 어종 하나만을 선정한다면, 아무래도 옥돔이 되어야 할 듯하다. 갈치나 고등어는 다른 지역의 토산에도 많이 등장하니까 말이다.

옥돔, 조선시대 옥두어玉頭魚는 제주에서 유일하게 생산되는 어종이었다.[43] 주로 바다 밑바닥에 모래 속에 구멍을 파고 서식한다고 한다. 바다 밑바닥에서 주로 생활하는 어종이어서 포획하여 물 밖

그림 16
옥돔, 국립생물자원관에서 전재

으로 나오면 수압 차이로 인해 바로 죽어버리는데, 시간이 조금 지나면 내장도 바로 녹아버리는 특성이 있다. 이리하여 제주에서도 옥돔을 회로 먹기는 매우 어려운 어종이다. 또 횟감으로 사용한다고 해도 수분이 많은 생선 살로 인해 식감이 그다지 좋지 않은 편이라고 한다. 때문에 제주에서도 옥돔은 주로 반건조하여 식자재로 활용하며, 구워 먹거나 국에 넣어 먹는 용도로 사용한다.

이런 특성으로 인해서 옥두어가 제주도 밖에 유통되는 것은 조선시대에도 극히 드물었던 것으로 보인다. 조선시대 관료나 문인들이 쓴 기록에 등장할 법도 한데, 옥두어와 관련된 문헌들은 극히 찾아보기가 힘들다. 조선왕조실록이나 승정원일기 등에도 제주 지역의 특산물로만 언급될 뿐 기타 내용은 기록이 남아있지 않다. 일반 양반 관료층도 접하기 힘든 진짜 귀한 생선이 아니었을까 추측해 볼 수 있다.

8

평안도와 함경도의 담비 가죽

오늘날에도 털이 달린 모피나 가죽은 가장 비싼 의류 소재 중 하나이다. 이런 소재들은 추위와 바람을 막아주는 방한성防寒性을 가져 주로 겨울 의류에 사용된다. 최근에는 환경과 동물 인권 등에 대한 사회적 인식이 확산되면서 모피나 가죽에 대한 수요가 예전 같지는 않지만 여전히 가장 비싼 소재로 팔리고 있기도 하다.

오늘날처럼 합성섬유로 만든 의류가 없었던 조선시대에는 이러한 가죽류, 모피류 의류 소재가 훨씬 광범위하게 사용되었다. 때문에 조선시대 공납 물품 중에는 상당히 다양한 가죽과 모피류가 포함되어 있었다. 호랑이, 표범, 곰, 사슴, 노루, 살쾡이, 수달, 말, 소 등의 가죽이 납공품목이었다. 이런 야생동물들은 비단 가죽뿐 아니라 털도 공물로 바쳤는데, 털은 의류에 쓰이기도 하였고 일부는 붓을 만들거나 수공예품의 소재로 활용되기도 하였다. 또 이들의 고기는 말려서 진상이나 공물로 바치기도 하였다.

호랑이나 표범 등의 가죽은 아주 고가이기도 했지만 상징성을 갖는 것이어서 일반 민가에서는 사용하기가 어려웠다. 이들 가죽들은 왕실에서 사용되거나 혹은 중국 황제에게 진헌되는 물품으로 사용되었다. 이들 호랑이나 표범 등은 전문적인 포수가 잡아서 진상하거나, 혹은 각 고을에서 함정을 사용해 잡은 것을 나라에 바쳤다. 이러한 물품들이 민간에 유통되기는 어려운 것이었다.

민간에서 구입하여 사용할 수 있는 가죽 중에선 초피貂皮 등으로 불렸던 가죽이 그나마(!) 대중적인 가죽이었다. 그러나 비교적 대중적일 뿐이지, 후술하듯이 이 가죽 역시 어지간한 평민들은 꿈꾸기 어려운 가격의 모피류였다. 어떤 의미에서는 부의 상징이라 할 만한 이 초피란 가죽에 대해 살펴보도록 하자.

실록에 등장하는 담비 가죽의 다양한 이름

우선 『조선왕조실록』을 비롯한 조선시대 문헌에서 나오는 가죽의 명칭부터 살펴보자. 『조선왕조실록』에서는 초서피貂鼠皮라는 이름이 자주 등장하는데 이를 일반적으로는 담비 가죽으로 번역하여 이해하고 있다. 이와 동시에 초피貂皮와 서피鼠皮, 돈피獤皮, 청서피靑鼠皮 등의 용어가 등장하고 있다. 문헌에 대한 번역에 따라 이들을 다소 다른 이름으로 소개하기도 한다.

조선시대 물품의 명칭을 정리한 『물명고』란 저서에서는 이에 대해 다음과 같이 정리하고 있다. 조선시대에는 담비를 비롯하여 청설모 등을 하나의 종으로 인식하고 있었던 것으로 보이는데, 우선 청서靑鼠라고 하는 것은 우리가 '청설모'라고 부르는 설치류를 지칭하는 용어였다. 그러나 이보다 넓게는 가죽옷을 만들 수 있는 청설모와 비슷한 종류의 동물을 통칭하는 것으로도 쓰였던 것으로 보인다. 앞서 소개한 서피鼠皮란 명칭은 이러한 갖옷을 만들 수 있는 설치류의 가죽을 포괄하는 용어였던 것으로 보인다.

이러한 청서류 중에서 몸집이 다소 크고 빛깔이 황흑색이 띠는 것을 담비라고 불렀고, 이 담비를 초서貂鼠라고 불렀다. 초서는 다른 이름으로 율서栗鼠 또는 송구松狗라고 부르기도 하였다. 이 담비 가죽을 초피貂皮 또는 초서피貂鼠皮 라고 불렸던 것이다. 그리고 이 담비 중에서도 색이 노란 것은 황초黃貂, 색이 하얀 것은 은초銀貂라고 불렀다.⁴⁴

이러한 설명을 참조해 보면 조선시대 각종 자료에 나오는 서피鼠皮, 청서피靑鼠皮, 초피貂皮, 초서피貂鼠皮 돈피獤皮, 은서피銀鼠皮 등의 명칭은 담비를 포괄하는 설치류 가죽을 지칭하는 용어이고 주로 색깔에 따라 구분하였다는 것을 알 수 있다. 빛깔에 따라 귀한 정도가 달랐지만 가장 흔한 청서피라 하더라도 상당한 고가의 가죽이었다.

이러한 고가의 담비 가죽은 각종 의류 제작에 사용되었다. 상당한 고가였던 만큼, 왕실의 의복에 사용되거나 국왕이 하사하는 옷에 쓰이는 경우가 많았다. 특이한 것은 귀마개의 소재로 자주 사용되었는데, 조선시대 자료에는 주로 이엄耳掩이라고 표현되었다. 엄俺 자가 가리다, 막다란 뜻을 가진 만큼, 귀마개란 우리 말을 한자로 표현한 것이었다. 『신증동국여지승람』에 의하면, 1품부터 3품까지의 당상관들은 초피貂皮로 만든 이엄을 착용하고, 3품 이하관들은 서피鼠皮로 만들어진 이엄을 사용한다고 하였다.⁴⁵ 이처럼 담비 가죽으로 만든 이엄은 국가의 관리들이 쓰는 사치스러운 물품이었다.

한편으로 담비 가죽 이엄은 조선에서 명나라 사신에게 주는 선물이기도 하였다. 그 이유는 바로 다음 절에서 살펴보자.

조선의 담비 가죽 산지

그럼 이러한 귀한 담비 가죽은 조선시대 어디에서 생산되었을까? 중국 명나라 송응성이란 사람이 지은 『천공개물』이란 저서에는 이런 내용이 전한다.

> 짐승의 가죽으로 만든 옷을 갖옷이라 하며, 귀한 것으로는 담비와 여우, 천한 것으로는 양과 고라니이다. (중략) 담비의 산지는 요동 밖의 먼 건주 지역과 조선국이다. (중략) 담비 1마리의 가죽의 넓이가 1척도 되지 않아 60여 마리의 담비를 모아야 겨우 1벌의 갖옷을 만들 수 있다.[46]

이 내용에서 보듯이 담비 가죽은 중국에서도 매우 고가의 물품이었다. 그리고 그 주산지는 건주 지역과 조선이라고 이야기하고 있다. 건주란 지역은 오늘날 북한과 맞닿아 있는 만주 지역인데, 과거 이 지역의 여진족들을 명나라에서 '건주위'로 편성하여 다스렸다. 그 건주지역에서부터 한반도 북부가 담비의 주요한 산지였던 것이다. 앞 장에서 조선이 명나라 사신들에게 담비 가죽 이엄을 자주 선물했던 이유도 바로 조선과 만주가 담비 가죽의 유명 산지였기 때문이었다.

그렇다면 한반도에서는 어떠한 지역이 주로 담비 가죽을 생산하는 곳이었을까. 15세기 지리지인 『세종실록지리지』에서 초피貂皮를 지역의 공물이나 특산품으로 기재하고 있는 곳은 평안도의 위원군, 창성군, 무창군 등이고 함경도에서는 삼수군, 북청도호부, 길주목, 갑산군, 경성군 등이었다. 강원도에서도 초피를 찾아볼 수 있는데 강릉대도호부, 낭천현, 동천군 지역에서는 공물로 담비 가죽을 납부하도록 되어 있었다. 그러나 앞서 말한대로 담비 가죽은 표기가 다양하였다. 서피鼠皮 또는 청서피靑鼠皮의 경우는 평안도 삭주, 창성, 희천, 자성, 우예, 위원 지역에서, 함경도는 북청, 길주, 갑산, 경성 등지에서 찾아볼 수 있다.

16세기 편찬된 『신증동국여지승람』에서는 생산지가 더욱 늘어서 함경도 지역의 경우는 함흥, 북청 등 총 13개 고을에서 초피貂皮와 서피鼠皮가 생산되는 것으로 나오고, 평안도 지역의 경우는 창성, 삭주, 귀성 등 총 8개 고을에서 생산이 가능한 것으로 나온다. 반면 강원도 지역에서는 담비가 생산되지 않는 것으로 나오고 있다. 평안도와 함경도의 경우 담비 산지가 증가한 반면, 강원도 지역은 완전히 사라진 것으로 보인다.

여진인들과의 주요 교역품

〈표 8〉 조선 전기 지리지의 담비 가죽 생산 군현

	『세종실록지리지』			『신증동국여지승람』	
	평안도	함경도	강원도	평안도	함경도
담비 생산 군현	위원군 창성군 무창군 삭주군 창성군 희천군 자성군 우예군	삼수군 북청도호부 길주목 갑산군 경성군	강릉대도호부 낭천현 동천군	창성도호부 삭주도호부 귀성도호부 희천군 강계도호부 위원군 이산군 벽동군 영원군	함흥부 북청도호부 정평도호부 단천군 이성현 갑산도호부 삼수군 경성도호부 길성현 명천현 회령도호부 온성도호부 부령도호부

〈표 8〉에 보이는 고을들은 해마다 공납으로 담비 가죽을 바치도록 되어 있었다. 그런데 이 담비 가죽 공납이 이들 지역 백성들에게는 상당히 고통스러운 것이었다.

> 초피·서피는 비록 본부에서 생산되는 것이나 많이 얻기
> 가 쉽지 아니하고, 또 오랑캐 땅에 넘어 들어가서 이를 취取

하는 것도 불가하므로, 공물貢物을 충당할 수가 없으며, 그 값도 비싸서 소 한 마리를 가지고 초피 한 장과 바꾸는 형편이니 백성들이 감당할 수가 없습니다. 원컨대 초피·서피의 공물을 헤아려 감해주십시오.[47]

위의 기록은 『성종실록』에 기록된 것인데, 함경도 갑산부에 사는 장이라는 사람이 상소한 내용 중 일부이다. 갑산에서는 초피나 서피가 생산은 되고 있지만, 해당 지역에서 생산 가능한 수량 이상으로 공물을 바쳐야 했다. 공물로 충당하기 위해 생산량을 맞추기 위해서는 월경, 즉 압록강을 넘어 '오랑캐의 땅'이라고 부르는 여진인들의 지역까지 들어가야 했다. 그러나 이는 엄연히 나랏법에 저촉되는 것이었다.

하는 수 없이 갑산부 사람들은 납공할 담비 가죽을 돈을 주고 살 수밖에 없었다. 담비 가죽이 생산되는 갑산부에서도 수량이 모자라 구입하는 것이므로, 조선에서는 살 수 없었고 대부분 여진인들에게 구매해야 했다. 여진인들 역시 조선인들이 공물로 바칠 초피가 급하다는 사실을 알기에 싼 값에 팔 리가 만무하였다. 위에서 나온 초피 한 장에 소 한 마리는 다소 과장이 섞인 표현이지만, 그럼에도 평소보다 훨씬 웃돈을 주고 담비 가죽을 구해야 하는 상황은 어렵지 않게 추측이 가능하다. 원래 고가의 물품에다가 웃돈까지 얹혀서 구입하고, 이를 다시 조정에 납입하는 백성들의 부담이 만만치 않았던 것이다.

이들 지역에서 담비 가죽이 주요한 공물이고, 아울러 공물 상납량을 맞추어야 하는 사정으로 인해 담비 가죽은 조선인과 여진인의 주요한 거래 물품 중 하나가 되었다. 당시 여진인들은 수렵 경제 일색에서 벗어나 점차 농업으로 눈을 돌리고 있던 시기였다. 그래서 담비 가죽 대신 소나 농기구를 주로 교역해 갔다. 또한 면포 등 의류 물품도 주요한 거래 품목 중 하나였다. 조선 북부에 부과된 담비 가죽 공물로 인해 여진인들과 불법적인 거래를 시도하게 되었고, 이 불법적인 거래로 여진인들은 농경 문화를 정착시키는 데 많은 도움을 받게 되었다는 것이다.

9

하늘의 천명을 나타내는 특산물

지금까지 살펴본 조선의 특산품들은 지역의 자연환경, 인문지리적 배경을 특징으로 오랜 시간 동안 만들어진 것들이었다. 이 중 상당수는 오늘날에도 명맥을 유지하고 있지만, 또 환경과 시대의 변화에 따라 사라진 것도 많이 있다. 조선왕조만 해도 500년이나 존속하였기에, 조선 초기에 유명했던 물건들이 조선 후기에는 아예 생산이 되지 않는 것들도 많았다. 이러한 변화는 조선 초기의 지리지들과 조선 후기의 지리지들의 비교를 통해서도 확인이 가능하다.

그런데 이 특산품이란 것들도, 혹 정치권력의 의지에 의해 만들어질 수도 있을까? 앞서 보았던 광주의 도자기나 남원의 종이 등등은 국가에서 해당 물종에 대한 납품 방식을 변화시킴으로써 특산품의 지위가 변화된 물품들이었다. 따라서 이들도 국가 권력에 의해서 특산품의 지위를 얻기도 하고, 또 위협받았던 것이라 할 수 있다.

그렇지만 이들보다도 훨씬 더, 국가 권력 혹은 국왕의 권위와 연동되어 만들어졌던 특산품들이 존재한다. 특산품이 어떻게 권력과 연결되어 이해될 수 있는지 살펴보자.

해주의 검은 기장과 남양의 경석

조선 전기 지리지인 『신증동국여지승람』의 황해도 해주목 토산조
에는 아래와 같은 내용이 등장한다.

> 검은 기장秬黍 세종 때에 거서를 해주에서, 경석磬石을 남양
> 南陽에서 얻어서 박연朴堧을 명하여 편경編磬을 제조하게 하
> 였다. 박연이 밀납을 녹여서 거서의 알 형태를 만들되 약간
> 크게 하여 분分을 모아 관管을 만드는데, 한 알로 한 분을 하
> 며 열 알을 모아 촌寸을 하였다. 법에는 황종黃鐘의 길이는 9
> 촌으로 하되, 3분을 덜하고 더하여서 12율律을 이루게 하여
> 새 경磬 두 틀을 지어 드렸다. 세종이 이르기를, "새 경이 바
> 로 되어 소리가 맑고 아름답다. 그런데 이칙夷則 소리 하나가
> 조화되지 않으니 어쩐 일인가." 하니, 연이 곧 자세히 보고
> 말하기를, "먹금이 아직 남아 다 갈리지 않았습니다." 하고,
> 곧 가니 먹금이 다 없어지고 소리가 제대로 조화되었다.[48]

그리고 같은 책의 경기 남양도호부에도 이러한 내용이 전하고 있다.

경석磬石 부 동쪽 사나사舍那寺 서쪽에서 나는데 돌 빛이 푸르고 흰 것이 서로 섞이어 무늬가 있다. 본조 세종世宗 9년에 캐어서 경쇠를 만들었더니 소리가 음률에 맞았다.[49]

위의 두 기사는 여타의 특산물 기사와는 매우 다른 특징을 보여주고 있다. 보통 특산물은 물품의 이름만 열거될 뿐 위와 같이 자세한 주석이 부기된 경우는 극히 드물다. 가끔 군현 내 어디서 난다고 자세한 위치를 밝혀 주거나, 품질이 매우 우수하다거나, 관련된 에피소드를 간단히 언급하는 선이다. 그런데 위의 두 특산품에 대한 주석은 매우 자세하게 나와 있다.

두 번째로 특이한 것은 주석의 내용이다. 둘 다 음률, 즉 음악과 관련된 내용들이 기록되어 있다. 남양에서 나는 경석의 경우, 본래 편경을 만드는 소재이니 이해한다 해도, 검은 기장과 음악이 대체 무슨 관련이란 말인가? 그리고 이 기사가 무슨 내용을 담고 있길래 이렇게 중요하게 기록해 두었단 말인가?

도량형과 음악의 관계

이 맥락을 이해하기 위해서는 검은 기장과 편경이 가진 의미, 그리고 세종대 추진한 여러 정책의 의미를 먼저 이해할 필요가 있다. 중국 고전인 『한서』「율력지」에는 아래와 같은 내용이 나온다.

> 도, 량, 형은 황종의 율에서 나왔다. 도라는 것은 길이를 헤아리는 기구이다. 중간치 검은 기장의 넓이로 헤아리는 것이다. 1,200개의 기장이 1분이 되고, 10분이 1촌寸이 된다. (중략) 량은 많고 적음을 헤아리는 기구이다. 중간치 검은 기장 1,200개가 1약侖이 되고, 10약이 1홉合이 된다. (중략) 권이란 가볍고 무거움을 아는 기구이다. 1,200개의 검은 기장이 담긴 무게가 12주銖가 되고, 24주가 1량이 된다.[50]

위의 내용을 보면 우리가 도량형이라 부르는 명칭은 본래 길이의 도, 부피의 량, 무게의 형(원문에서는 권權이란 같은 의미의 글자로 대체)을 통칭하는 것이다. 그런데 고대 중국의 도량형의 표준이 바로 검은 기장이었던 것이다. 검은 기장 1,200개가 길이, 부피 그리고 무게의 최소 단위를 이루며, 그것의 배수 관계로 나머지 큰 무게들이 정해졌던 것이다.

물론 위에서 나온 내용들은 설화와 역사가 교차하던, 전설상의 임금들이 중국을 다스릴 때의 일을 기록한 것이어서, 실제 도량형의 근원이 검은 기장인지 여부는 판별하기가 어렵다. 각 기장 알의 크기가 제각각일 것이 자명한데, 이것을 가지고 도량형의 기준을 정했다는 것은 믿어지지 않는 것이 사실이다. 그러나 이러한 사고는 근대 학문에서의 의심이고, 조선시대 대부분의 학자들은 해당 내용에 큰 의문을 제기하지 않았다.

주지하다시피 동서양을 막론하고 도량형의 기준을 세우는 것은 통치자의 고유한 권한이었다. 동일한 도량형이 통용되는 지역 범위가 통치자의 통치 범위와 일치되기 마련이었다. 중국의 경우 천하를 통일한 황제만이 도량형의 기준을 세울 수 있었다. 중국에 대해 제후국을 자처했던 조선의 경우도, 도량형의 단위들은 중국의 것을 원용하고 있었다.

그런데 도량형의 표준을 세울 수 있는데 필수적으로 필요한 검은 기장이 조선에서도 '발견'되었던 것이다. 이것은 무슨 의미를 가지는 것일까?

또 하나, 위의 인용문에서 중요한 것이 바로 도량형과 음율의 관계이다. 인용문에서 제시한 것처럼 도량형은 '황종의 율'에서 나왔다고 한다. 황종이란 동아시아 음악에서 쓰이는 12율의 가장 기본이 되는 음으로, 서양 음악의 C에 해당하는 음율이다. 이것에서 도량형이 나왔다고 하는 것은 악기 제작과 관련이 있다.

어린 시절 배웠던 리코더를 떠올려 보자. 입으로 부는 곳 외에 몸통에 일정한 간격으로 여러 개의 구멍이 있고 그것을 열고 막는 것에 따라 음의 소리가 나게 되어 있다. 황종의 율에서 도량형이 나왔다고 하는 것은, 바로 황종의 음 소리를 내는 데 필요한 피리 구멍 사이의 길이를 검은 기장으로 측정하여 악기를 제작한 데에서 비롯되었다는 것이다. 12개의 음을 정확히 내기 위한 길이 측정에 검은 기장이 쓰였고, 그 검은 기장을 활용한 측정 방법이 확장되어 길이, 부피, 무게에 대한 도량형 기준이 되었다는 것이다.

정리해 보면 조선 해주 땅에서 검은 기장이 발견되었다는 것은 두 가지의 의미를 갖는다. 도량형의 표준을 정할 수 있는 물건을 조선 국왕이 갖게 되었다는 것이고, 또 하나는 음악을 정비하는 데 필요한 기준 역시도 가지게 되었다는 것을 의미한다. 이 중 두 번째 의미를 좀 더 음미해 보면 앞서 인용했던 경기도 남양도호부의 경석도 이해해 볼 수 있다.

12율에 입각하여 음을 내는 여러 악기 중에서도 가장 기준이 되는 악기는 바로 편경이었다. 편경은 중국의 상고시대부터 존재했던 악기였고, 아악을 연주하는 악기 중에서도 매우 중요한 역할을 하는 것이었다. 우리나라의 경우 고려 예종 때 중국으로부터 편경을 수입하여 쓰고 있었고, 자체적인 제작은 세종 이전까지는 하지 못하는 상황이었다.

위와 같은 상황을 고려하여 해주의 검은 기장과 남양의 경석이 의미하는 바를 당대의 맥락에서 살펴보도록 하자. 주지하다시피 조선 4대 임금 세종은 국가의 각종 통치제도, 의례, 문물의 정비에 상당한 정열을 쏟았던 임금이었다. 그런 세종이 크게 관심을 기울였던 것 중 하나가 바로 '음악'의 정비였다.

오늘날의 입장에서는 다소 생뚱맞을 듯하지만, 본래 유교적 세계관에서 음악은 예와 함께 통치의 가장 중요한 수단이었다. 즉, 예라는 구분을 통해 사람들을 신분에 따라 나누고, 각각이 맡은 일을 하게 하는 것이 기본적인 통치였다. 그러나 예만을 강조할 경우 사람들은 나뉘고 분열되므로, 음악을 통해 이들을 화합하게 하는 것이었다. 전설 속의 임금들은 이 예와 악을 통해 백성들을 가르치고 교화하고 통치하였던 것이다.

따라서 '예'와 '악'을 새로 제정하는 것 역시 통치자 고유의 권한이었다. 좀 더 정확히 표현하자면, 하늘의 천명을 받아 통치하는 '천자'의 고유 권한이었다. 조선이 중국에 제후국이 된다는 것은, 이념상 중국 황제가 가진 이러한 고유 권한을 인정하고, 황제가 다스리는 동일한 예와 악을 가지고 조선을 다스리겠다는 표현이었다. 조선이 건국되는 과정이나 건국 직후까지 명나라와 조선은 순탄한 관계라 할 수 없었지만, 조선 태종 대 명나라로부터 인신과 고명을 하사받은 이후부터는 이러한 이념이 흔들리지 않았다.

그런데 조선의 4대 임금인 세종이 즉위하고부터는 다소 상황이 달라졌다. 우리가 알고 있듯이 세종은 누구보다 학문을 사랑한 임금이었다. 세종이 공부한 내용은 다름 아니라 유학에서 말하는 가치, 그 가치를 투영한 통치를 했다는 뛰어난 통치자들의 행적이었다. 이들이 인민을 다스렸던 제도, 의례, 음악 등등이 모두 탐구의 대상이었고, 이러한 탐구를 위해 특별한 기구도 만들었다. 한국의 국민이라면 누구나 한번은 들어봤을 법한 기구, 바로 집현전이었다.

세종과 집현전 학자들이 연구한 것, 고대 뛰어난 통치자들의 제도, 의례, 음악 등등을 모두 종합할 수 있는 표현이 바로 '고제古制'였다. 세종이 이 고제를 연구한 이유는 바로 이 고제에 성리학에서 지향하는 정치의 가치가 투영되어 있다는 사실이었다. 정치를 잘한다는 것은 이 고제의 핵심을 잘 이해하고, 그것을 현실에 맞게 적용하는 것에 다름 아니었다.

그런데 세종이 보기에 현재 조선이 갖추고 있는 제도와 문물, 좀 더 자세하게는 의례, 음악을 비롯하여 역법, 천문, 세금 제도 등등은 본래 고제의 지향점과 잘 맞지 않았다. 연구를 거듭하는 과정에서 현재의 천자국이라 할 수 있는 명나라의 것들을 탐구해 보아도, 본래 고전에 등장하는 고제와는 맞지 않았다. 현실적으로 제후국의 위치에 있는 조선은 이러한 고제를 스스로 '제작'할 위치에 있지 않았지만, 세종은 이것을 해 보기로 결심하였다. 각종 고전에 나와 있는 '고제'를 연구하여 핵심을 파악하고, 이것이 잘 구현될 수 있도록 의례, 음악, 각종 제도 등을 스스로 '제작'하고자 했던 것이다.

하늘이 허락한 세종의 시도

세종의 이러한 시도는, 어떤 의미에서는 황제의 권위에 도전하는 것으로 비출 수 있었다. 천자국의 신하인 제후국의 국왕이 황제의 고유한 권한인 예악과 문물을 새롭게 창조한다는 것은 명분상 분수에 맞지 않는 일이란 이야기를 듣기 쉬웠다. 다만 이념상의 문제일 뿐 아니라, 현존하는 천자국 명나라의 제도와 문물이 '고제'와 맞지 않는다는 선언이기도 했다. 조선 건국 당시 상당한 외교적 마찰을 겪었던 조선과 명 사이를 고려해 보면, 이제 막 안정된 사대관계에 큰 파장을 몰고 올 수도 있는 일이었다.

그런데 이러한 와중에 조선의 황해도 땅에서 검은 기장이 발견되고, 경기도 땅에서 편경이 발견된 것은 일종의 '천명'을 보여주는 사건이었다. 본래 중국 대륙에만 발견되었던 검은 기장이 조선에서 발견되고, 마땅한 재료가 없어 스스로 편경을 제작하기 어려웠던 조선 땅에서 편경에 적합한 경석이 발견되었다는 것은 세종의 시도를 하늘이 돕는 것으로 해석할 여지가 충분했다. 두 특산물은 단순히 특정한 물산이 생산된다는 의미를 넘어, 세종이 재위기간 내내 지향하고자 했던 여러 정책들에 정당성을 부여해 주는 물산이었다. 이렇게 생각해 보면, 조선의 민생에 그다지 큰 영향을 미치지 않았던 이 두 특산품이 지리지에서 이토록 대서특필되고 있는지 이해할 수 있다.

다만 생각해 볼 문제는, 과연 해주에서 발견된 기장은 정말 고전에서 말하는 그 검은 기장이었을까? 조선 땅에서 편경 제작에 필요한 경석은 그동안 정말로 아무 곳에서도 생산이 되지 않았을까? 세종 대 이전에는 편경 제작이란 시도 자체가 없었기에 경석의 산출 여부도 큰 관심사가 아니었을 확률이 높지 않을까? 어떤 의미에서 지리지가 말하는 '천명'이란 것은 철저히 만들어진 것이 아닐까? 오늘날 역사학의 관점에서는 아무래도 검은 기장과 경석의 발견은, 당대의 문법에서 잘 짜여진 극본이란 느낌을 지우기가 어렵다.

아무튼 이 검은 기장과 경석을 바탕으로 세종은 여러 가지 문물제도를 '고제'에 맞게 정비해 간다. 음악을 정비하고, 의례를 만들고, 하늘과 시간의 운행을 정확히 측정할 수 있는 기구들을 제작하고, 한양 땅의 위치에 정확히 들어맞는 달력을 제작하였다. 세금을 개혁하면서 거기에 과거 하나라 시절에 통용되었다고 하는 '공법'이란 이름을 붙이기도 했다. 세종은 옛날 성왕들의 정치가 단순히 '전설'에 그치는 내용이 아니고, 당대에 얼마든지 실현 가능한 것으로 생각하였고, 그의 정치는 그 '고제'를 조선에서 펼치고자 했던 것이었다. 비록 현실에서는 명나라에 대한 사대를 주장했지만, 그의 야심은 현재의 명나라보다도 더욱 과거 성왕들의 정신을 계승할 수 있는 나라 조선을 만들고자 했던 것이다.

10

권력의 의지로 만든 특산물,
함경도의 대나무

대나무는 본래 온대성 기후에서 자라는 식물이다. 한반도의 경우 남부지방을 제외하면 냉대기후와 인접해 있어 대나무가 자라기에 최적의 환경은 아니다. 그래서 전라도나 경상도, 충청도 지역에 가면 대나무 군락지를 흔히 볼 수 있지만 경기 지역 등에서는 쉽게 보기 어려운 것이 사실이다. 물론 대나무 품종에 따라 다소 한랭한 기후에도 적응하는 경우가 있으나, 이론상으로는 대나무 자생이 가능한 곳은 충청도 중남부 이남, 그리고 강원도의 영동지방의 남부이다. 율곡 이이가 자랐다고 하는 강릉의 오죽헌 역시 영동지방이기에 위도가 높더라도 대나무가 자생이 가능한 곳이었다.

조선시대 이러한 대나무 자생 조건을 극복하고 대규모로 대나무를 이식하는 정책이 시행된 적이 있었다. 그리고 이 정책은 일부 성공을 거두어, 오늘날까지 함경도에는 대나무가 자생하고 있다. 이 절에서는 함경도의 토산품으로 대나무가 자리 잡게 된 이유에 대해서 살펴보도록 하겠다.

15세기 조선과 여진의 갈등

수많은 외침을 겪은 한국의 역사에서, 오랜 기간 전쟁이 없었던 평화로운 기간을 꼽자면 아마도 통일신라 시대와 조선 전기를 꼽을 수 있을 것이다. 고려시대만 해도 거란, 여진, 몽골, 왜구 등의 외침이 많았고, 통일신라 이전의 삼국시대는 삼국 사이의 상시적인 전쟁이 즐비했었다. 이와 반대로 통일신라 시대나 조선 전기는 한국사 교과서에 소개될 만한 큰 외환은 존재하지 않았다. 일반 국민들에게는 아주 평화로운 시기로 기억될 법하다.

그러나 조선 건국 이후 약 100년간, 대략적으로 15세기라고 부를 수 있는 시기의 조선은 마냥 평화로운 상황이라 보기 어려웠다. 첫째로 고려에서 조선으로 왕조 교체가 일어나는 동안 왜구의 침략에 시달렸다. 1350년경부터 본격화된 왜구는 조선이 건국된 이후에도 한참 동안이나 조선의 해안에 출몰했다. 조선은 한편으로 수군을 강화하여 왜구를 물리치는 한편으로, 세종 대 이르러 대마도주와 기해약조를 맺고 평화로운 통교체제를 수립함으로써 간신히 해안의 평화를 찾을 수 있었다. 대략 70여 년에 걸친 노력의 결실이었다.

우리가 사대관계라고 알고 있는 명과 조선 관계도 고려 말~조선 초의 경우는 매우 불안정한 관계였다. 원과 명 사이를 왔다 갔다 하던 고려 말의 외교정책으로 인하여 명나라 홍무제는 조선 건국 이후에도 조선 조정에 대한 상당한 불신을 가지고 있었고, 이로 인하여 사행으로 갔던 조선 관료가 명 조정에서 투옥되거나 죽음을 맞이하는 경우도 있었다. 태조 이성계는 본인이 직접 부정했던 요동 정벌을 조선 건국 이후 다시금 기획할 정도였다. 이러한 긴장 관계는 조선 태종 대에 들어서 명나라가 조선 국왕의 인신과 고명을 보내주면서 안정 국면으로 접어들 수 있게 되었다.

앞의 두 문제가 고려 말부터 기원된 문제였다면, 조선이 건국한 이후 발생한 국경 상의 위협은 바로 여진이었다. 잘 아시다시피 이성계의 사병 집단의 근거지는 동북면, 지금의 함경도 지역이었고, 이성계가 거느린 병력의 상당수는 여진인 병력이었다. 이성계가 조선을 건국할 당시만 해도 조선과 여진은 매우 우호적인 관계였다.

그런데 이러한 우호 관계가 금이 가기 시작한 것은 태종 때부터였다. 두 차례 왕자의 난을 통해 태종이 즉위하자, 이성계는 조사의로 하여금 반란을 일으키게 하고 자신도 직접 가담하기 위하여 동북면으로 향했다. 이 조사의의 난에는 여진 병력도 다수 참여하였고, 이것이 계기가 되어 조선과 여진 사이의 틈이 벌어지기 시작하였다. 조사의의 난 이후 여진족들의 변방 침입이 잦아졌고, 태종은 모련위 정벌을 단행하여 조선 최초로 여진정벌에 나서기도 하였다.

태종 때 이후 여진족과의 갈등은 15세기를 관통하는 조선 조정의 최대 현안이었다. 조선의 입장은 여진족을 회유하여 조선의 울타리로 삼으려 하는 것이었으나, 상당수 여진족은 이에 동의하지 않고 변방을 침입해 왔다. 조선 조정은 한편으로는 이들에 대한 회유책을 시행하는 한편으로, 변방을 침입해 오는 여진족들에게는 강력한 무력 정벌을 시행하였다. 그러나 반유목적 생활을 하는 여진족의 정벌은 비용 대비 효과가 크지 않았다. 한편으로 여진족을 회유하는 것도 한계가 있었는데, 조선 못지않게 명나라 역시 여진족을 회유하여 명나라의 울타리로 삼으려 시도하였기 때문이다. 조선과 명은 안정적인 사대관계 수립 이후에도 여진족에 대한 주도권을 두고 상당한 외교 전쟁을 벌이고 있었다.

이러한 상황에서 조선 정부는 우선적으로 변방 지역에 강력한 군사 기지를 만들고, 여진족들이 침입에 단호히 대처하고자 하였다. 그런데 주지하다시피 압록강, 두만강 유역은 농업의 여건이 매우 열악하여 인구가 희소한 지역이었다. 자연스럽게 병력을 동원하기도 어렵고, 각종 군수물자를 제작하여 비축하기도 쉽지 않았다. 이리하여 15세기에는 몇 차례 사민정책이 시행되어 남쪽에 거주하는 사람들을 북쪽으로 이주시키고, 이들이 정착할 수 있게 지원하였다. 한편으로는 평안도, 함경도 북부 지방에 새로이 행정구역을 편성하기도 하였다. 우리가 아는 4군6진의 개척도 이에 대한 일환이었다. 평안도와 함경도 지역의 전세 세금은 서울로 수송하지 않고 지역에 비축하여 군수물자로 활용하게 하였다. 위에 열거한 여러 정책은 비단 한 왕대에 그치지 않고 15세기 동안 줄곧 추진된 정책이었다.

이처럼 여진과의 관계, 대여진정책이 15세기 조선에서 얼마나 중요했는지 알아볼 수 있는 방법 중 하나가, 바로 평안도나 함경도 지역의 행정, 군사책임자로 부임했던 사람들의 면면이었다. 세종대 정승이 된 사람들은 대부분 필수적으로 이 지역의 실무 경험을 가진 사람들이었는데, 대표적으로 황보인, 김종서 등은 북방에서 상당 기간을 보낸 사람들이었다. 세조의 가장 오른팔이라 할 수 있는 한명회와 신숙주 역시 고위 관료임에도 불구하고 오랫동안 평안도와 함경도의 행정 및 군사책임자로 임명되어 활약하기도 했다. 당시 조선에서 재상이 되기 위해서는 북방의 정세를 정확히 파악하고 있어야 했던 것이야말로 15세기 조선에서 가장 중요하게 생각했던 문제가 바로 여진 문제였다는 것을 대변해 준다.

가장 중요한 군수물자, 대나무

세종 때부터 본격화된 4군 6진 개척과 사민정책, 여진 침입을 대비한 군사 거점의 마련과 군제 개혁 등의 정책은 세조 때에도 줄곧 유지되었다. 단 세조 때에는 실효성이 없다고 판단되었던 평안도 북부 지역의 4군은 다시 철폐하였다. 다만 6진 지역은 세종 때 이후 줄곧 자리 잡아 대여진방어의 거점으로 기능하였다. 세조 때 역시 여진과의 갈등은 끊임없이 반복되었고, 세조는 재임 기간에 명나라와 함께 여진족의 추장인 이만주 토벌에 나서기도 하였다.

이러한 상황에서 세조 때 가장 중요한 군수물자였던 대나무의 수송이 문제가 되었다. 주지하다시피 대나무는 여러 공예품으로 활용되기도 하지만, 조선군에서 가장 중요한 무기였던 활과 화살의 주요한 원료이기도 했다. 그런데 세조 때 당시까지 평안도나 함경도는 대나무가 자생하지 못한 곳이었고, 때문에 남쪽 지역에서 대나무를 채취하여 북쪽으로 수송하는 시스템이었다. 주로 전라도와 충청도에서 난 대나무는 평안도로, 강원도와 경상도에서 채취한 대나무는 함경도로 수송되었다.

그런데 대나무 채취 및 수송에 민폐가 발생하고 비용이 많이 들자 세조 7년경 함경도와 평안도에 대나무를 심도록 하였다. 강원도에서 자생하는 대나무 종자를 함경도에 심도록 하고[51] 몇 개월 후에는 평안도와 황해도에도 대나무를 심도록 하였다.[52] 종자를 심고 난 이후에는 대나무를 어떻게 관리할 것인지 상세한 매뉴얼까지 함께 내려보냈으며, 매해 종자의 번성 여부를 조정에 보고하도록 하였다.

다만 당시 대나무를 심고 나서 그 결과가 어떠하였는지는 『조선왕조실록』에는 상세히 나오지 않는다. 다만 세조 사후 편찬된 『신증동국여지승람』에는 함경도 지역에 대나무가 토산 항목에 심심치 않게 등장하고 있다. 『신증동국여지승람』 함경도에 수록된 군현은 모두 23개인데, 이 중 7개 고을, 함흥부, 영흥대도호부, 안변도호부, 덕원도호부, 경성도호부, 문천군, 명천현에 모두 대나무가 자생하고 있다. 특히 영흥대도호부 토산 조에는 대나무가 '세조 때 심은 것이다'라는 세주가 달려있다. 화살 제작을 위한 대나무 옮겨심기가 성공하였고, 함경도 지역의 토산품으로 자리 잡았던 것이다. 다만, 평안도와 황해도 지역에 옮겨 심은 대나무는 아마도 성공하지 못하였던 것으로 보이는데, 『신증동국여지승람』 평안도와 황해도 지역에서는 대나무를 찾아보기 어렵다.

이처럼 왕조 국가에서도 국가나 권력의 필요에 따라 토산품은 만들어지기도 하였다. 지역에서 활발히 생산되지 않더라 하더라도 물품 자체가 가진 상징성을 강조하는 경우도 있고, 아예 생산이 되지 않는 물품을 특정 지역에 이식하기도 하였다. 조선의 특산품은 경제나 생활의 문제를 넘어 정치, 권력과도 깊은 관련이 있었던 것이다.

◈ 나오는 말

　최근 10여 년간 답사 혹은 학술대회 일정 등으로 지방에 체류하면서 필자가 느낀 점은 점차 지역의 특색이란 것이 사라진다는 인상이었다. 아주 작은 읍내라도 대도시에서 들어본 적이 있는 고급 브랜드 아파트가 들어서고 있고, 읍이나 면 중심지에 들어선 가게들도 대부분 대도시에서 찾아볼 수 있는 프랜차이즈들이 상당수이다. 음식점뿐 아니라 가벼운 음료수 하나, 껌 한 통을 사는 동네의 작은 가게들도 모두 사라지고 이제는 전국 어디서나 유명 브랜드의 편의점들이 들어서 있다.
　더 재밌는 것은 필자가 학생들을 인솔해서 답사 등을 가보면, 젊은 학생들 역시 이러한 현상을 선호한다는 것이다. 편의점이 없으면 불편하고, 커피를 마실 때는 '스타**' 같은 브랜드 커피를 찾는다. 한편으로는 '제주에서 한 달 살기'가 유행하고, 낯선 해외여행을 주저하지 않는 젊은 친구들이, 또 한편으로는 가장 익숙한 생활 반경을 타지에서도 찾는다는 사실이 필자에게는 무척 신기한 일이었고, 아직도 그 의문은 명쾌한 답을 얻고 있지 못하다.
　특산물 역시 마찬가지이다. 필자가 법성포에 직접 방문하여 법성포 굴비를 먹어보았을 때 필자가 느낀 감정은 시장에서 산 굴비와 크게 다른 맛이 아니었다는 점이다. 오늘날에는 시장이나 마트에 가서 다소 비싼 값을 지불하면, 현지에서 맛볼 수 있는 특산물을 손쉽게 구할 수 있다. 상품의 생산과 유통이 너무나 발전한 오늘날, 어떤 의미에서는 당연한 현상이라도 할 수 있겠다.

그렇지만 필자는 이런 상황이 마냥 반갑지만은 않다. 몇 시간 기차를 타고, 차를 타고 찾아가야만 맛볼 수 있고 구경할 수 있는 지역의 독특한 무엇이 있다는 것이 주는 즐거움이 사라지고 있는 것이다. 기대를 안고 찾아가 지역을 둘러보고, 또 그 지역에 친구라도 한 명 산다고 하면 'ㅇㅇ에 왔으면 ㅇㅇ 정도는 먹고 가야지'라는 호기 어린 안내와 함께 낯선 맛을 느껴보는 재미는 이제는 영 기대하기 어렵게 되어버린 것이 아닌가 싶다.

사실 특산물이란 것은 그 지역의 환경과, 환경에 맞추어 살아낸 사람들의 삶이 시간으로 누적된 것이다. 기원이 오랜 것일 수도 있고, 최근에 생겨난 것일 수도 있지만, 어찌 되었든 그 안에는 '지역성'이 살아 숨 쉬고 있는 것이다. 다양한 특산물이 존재한다는 것은 다양한 지역의 삶의 모습들이 공존하는 것이다. 거대한 자본에 의한 상품 유통에 의존하지 않고, 지역을 찾아 그 특산품들을 직접 마주하고 음미한다는 것은 앞으로도 포기하기 어려운 재미 아닐까?

오늘날에도 각 지역의 특산품들이 숱하게 생겨나고 있고, 젊은 친구들은 그런 걸 찾아 맛보고 경험하기 위해 지역을 숱하게 찾고 있다. 그런데 소위 '핫'하다고 하는, 아주 짧은 시간 유행하고 마는 그런 것보다는 지역의 전통과 삶이 오래도록 배어있는 특산품들을 찾아 즐겨보는 것은 어떨까? 물건에서 지역으로, 또 지역에서 사람들로 여행의 생각을 확장해 보는 하나의 계기가 되지 않을까?

이런 바람과 함께 조선의 특산물에 대한 간략한 소개를 마칠까 한다. 원고를 마치고 나니, 몇 해 전 여수에서 만났던 저렴하지만 신선한 선어회 한 접시가 간절하다. 목포에서 만났던 홍어회나 법주사 기슭에서 맛봤던 나물 가득한 밥상도 덩달아 생각난다. 거기에 지역의 명주라고 하는 술 한잔 기울이면 금상첨화일 텐데 말이다.

주석

1. 부유한 밥상의 대명사, 영광굴비

1 우리나라 지리지 편찬 전통에 대해서는 정두희, 「조선초기 지리지의 편찬」 (1)·(2), 『역사학보』 69 및 70, 역사학회, 1976 ; 배우성, 「18세기 전국지리지 편찬과 지리지 인식의 변화」, 『한국학보』 85, 일지사, 1996 참조.
2 『세종실록』 권151, 「지리지」, 전라도, 나주목, 영광군 "石首魚 産郡西波市 坪【春夏之交 諸處漁船 皆會于此 網取之 官收其稅 以資國用】."
3 『태조실록』 권11, 태조 6년 4월 1일 계미. "以新石首魚 薦宗廟."
4 『목은집』, 「목은시고」 권22, '자복子復이 법주法酒와 말린 석수어石首魚를 대접해 준 데 대하여 사례하다.'
5 『옥담시집』, 옥담사집, 만물편, 어물류, 석수어.
6 『세종실록』 권152, 「지리지」, 황해도, 해주목 "石首魚 産州南延平坪【春夏之交 諸處魚船 皆會于此 網取之 官收其稅 以資國用】."

2. 조선 전기에는 없던 생선, 명태

7 『임하필기』 권27, 춘명일사春明逸史, 명태.
8 같은 책.

3. 고려청자는 언제부터 유명했을까?

9 전라북도 부안군에 위치한 '부안청자박물관'의 전시 패널 중 인용.

10 이 표는 강경숙, 「『세종실록』「지리지」 자기소·도기소 연구 – 충청도를 중심으로」, 『미술사학연구』 202, 한국미술사학회, 1994, 6쪽 〈표1〉을 인용한 것이다.
11 박경자, 「15세기 공물의 운송방법과 분청사기 명문의 지역별 특징」, 『호서사학』 47, 호서사학회, 2007.

4. 대표적인 '양반동네', 안동의 특산물

12 『연산군일기』 권51, 연산군 9년 12월 8일 辛丑.
13 『중종실록』 권49, 중종 18년 8월 25일 壬戌.
14 『인조실록』 권27, 인조 10년 12월 4일 丁卯.
15 『연산군일기』 권39, 연산군 6년 12월 13일 癸巳.
16 『선조실록』 권96, 선조 31년 1월 20일 丙午.
17 『순조실록』 권4, 순조 2년 8월 15일 癸丑.
18 유수원, 『우서』, 권1.
19 『태종실록』 권34, 태종 17년 7월 5일 戊午; 『세종실록』 권25, 6년 7월 8일 辛巳.
20 『중종실록』 권22, 중종 10년 7월 27일 壬子.
21 『성소부부고』 권26, 도문대작.
22 최병구, 「안동의 벼루」, 『영남학』 15, 경북대학교퇴계연구소, 2009.

5. 외교와 특산품 - 전라도의 종이와 경상도의 돗자리

23 『경국대전』 권6, 공전, 외공장.
24 『세종실록』 권151, 「지리지」, 전라도, 전주부.
25 『태종실록』 권30, 태종 15년 7월 25일 庚申.
26 『세종실록』 권49, 세종12년 9월 11일 己酉.
27 『경국대전』 권6, 공전, 외공장.
28 『세종실록』 권150, 「지리지」, 경상도.

6. 조선의 과일 특산물

29 『성소부부고』 권26, 도문대작.
30 『어우집』 권4, '열반산인 혜인에게 장난으로 준 서〔戱贈涅槃山人慧仁序〕'.
31 『신증동국여지승람』 권49, 함경도, 안변도호부, 토산.
32 『성소부부고』 권26, 도문대작.
33 『종묘의궤』 4책, 천신 항목.
34 『종묘의궤』 4책, 천신 항목.
35 『성소부부고』 권26, 도문대작.
36 『경세유표』 권1, 지관 호조 제2 교관지속.

7. 특산물의 보고, 제주도

37 『세종실록』 권151, 「지리지」, 전라도, 제주목.
38 『신증동국여지승람』 권38, 전라도, 제주목.
39 『태종실록』 권15, 태종 8년 4월 2일 庚辰.
40 『세종실록』 권19, 세종 5년 1월 1일 癸未.

41 『신증동국여지승람』 권38, 전라도, 제주목.
42 『세조실록』 권2, 세조 1년 12월 25일 丙寅.
43 오늘날 옥두어는 중국에서 잡히는 어종으로 소위 가짜 '옥돔'으로 알려져 있다. 그러나 조선시대 기록에 나오는 옥두어는 오늘날 옥돔이라 부르는 어종을 지칭한 것으로 보는 것이 합리적이다.

8. 평안도와 함경도의 담비 가죽

44 한국학중앙연구원 편, 『물명고 역해』 2, 역락, 2023, 484-487쪽.
45 『신증동국여지승람』 권3, 한성부.
46 송응성, 『천공개물』(한성주, 「조선 전기 초피 생산과 유통」, 『전북사학』 66, 전북사학회, 2020, 91쪽에서 재인용).
47 『성종실록』 권40, 성종 5년 3월 1일 병술.

9. 하늘의 천명을 나타내는 특산물

48 『신증동국여지승람』 권43, 황해도, 해주목.
49 『신증동국여지승람』 권9, 경기도, 남양도호부.
50 『尙書注疏』 卷第三, 「舜典」, 第二 歲二月.

10. 권력의 의지로 만든 특산물, 함경도의 대나무

51 『세조실록』 권23, 세조 7년 2월 16일 丁亥.
52 『세조실록』 권25, 세조 7년 9월 20일 丁巳.